A JOIA

HISTÓRIA E DESIGN

Dados Internacionais de Catalogação na Publicação (CIP)
(Simone M. P. Vieira – CRB 8ª/4771)

Gola, Eliana
   A joia: história e design / Eliana Gola. – 3ª ed. – São Paulo: Editora Senac São Paulo, 2021.

   Bibliografia.
   ISBN 978-65-5536-924-3 (Impresso/2021)
   e-ISBN 978-65-5536-925-0 (ePub/2021)
   e-ISBN 978-65-5536-926-7 (PDF/2021)

   1. Joalheria – Brasil 2. Joalheria – Europa 3. Joias – Design 4. Joias – História I. Título.

21-1410s

CDD – 391.709
BISAC CKB086000

Índice para catálogo sistemático:
   1. Joias: Aparência pessoal: História 391.709

Eliana Gola

A Joia

HISTÓRIA E DESIGN

3ª edição

Editora Senac São Paulo – São Paulo – 2021

ADMINISTRAÇÃO REGIONAL DO SENAC NO ESTADO DE SÃO PAULO

Presidente do Conselho Regional: Abram Szajman
Diretor do Departamento Regional: Luiz Francisco de A. Salgado
Superintendente Universitário e de Desenvolvimento: Luiz Carlos Dourado

EDITORA SENAC SÃO PAULO

Conselho Editorial: Luiz Francisco de A. Salgado
Luiz Carlos Dourado
Darcio Sayad Maia
Lucila Mara Sbrana Sciotti
Luís Américo Tousi Botelho

Gerente/Publisher: Luís Américo Tousi Botelho (luis.tbotelho@sp.senac.br)
Coordenação Editorial/Prospecção: Dolores Crisci Manzano (dolores.cmanzano@sp.senac.br)
Ricardo Diana (ricardo.diana@sp.senac.br)
Administrativo: grupoedsadministrativo@sp.senac.br
Comercial: comercial@editorasenacsp.com.br

Edição de Texto: Luiz Guasco e Pedro Barros
Preparação de Texto: Teresa V. Van Acker e Cristina Marques
Revisão de Texto: Edna Viana, Globaltec Editora Ltda., Ivone P. B. Groenitz,
Luciana Lima (coord.), Luiza Elena Luchini
Pesquisa Iconográfica: Monica de Souza
Textos Institucionais: Silvana Vieira
Projeto Gráfico, Capa e Editoração Eletrônica: Fabiana Fernandes
Foto da Capa: Claudio Wakahara
Impressão e Acabamento: Coan

Sumário

7 Nota do editor

11 Agradecimentos

15 Introdução
    20 Um pouco de etimologia

23 Da pré-história à história: a joia nos seus primórdios
    24 O Paleolítico
    28 O Neolítico
    29 Entrando na história
    30 As joias e as Idades dos Metais

35 A joia e as primeiras civilizações
    35 Cita
    38 Egípcia
    40 Mesopotâmica
    43 Persa
    45 Grega
    49 Etrusca
    53 Romana
    57 Celta e germânica

63 Transformações da joalheria europeia: os estilos gótico, renascentista e barroco
    63 O gótico
    68 O renascentista
    73 O barroco

77 O início da joalheria brasileira e o contexto europeu de expansão da joia
   77 Brasil
   91 Expansão e diversidade na Europa: séculos XVIII e XIX

97 A mulher e a joia: o século XX
   97 Art Nouveau
  102 Década de 1930: outras formas, outros materiais
  107 Década de 1940: entre a crise e a ostentação
  111 Os elegantes anos 1950

113 A joia contemporânea: aspectos da sua produção
  116 Década de 1960: a multiplicação acelerada
  121 As décadas seguintes: o predomínio das joias de imitação

131 O Brasil no contexto da joalheria contemporânea
  135 O design brasileiro e os concursos de joalheria no mundo
  148 O design brasileiro e a moda

151 Terceiro milênio
  151 Uma projeção do futuro
  153 A transição dos costumes

159 Aspectos da criação: as provocações do mundo e o saber fazer
  159 O mundo provoca a criação: coleções
  168 A criação se revela na reflexão do designer

201 Passo a passo: *briefing*, criação e produto
  201 Procedimentos, etapas de pesquisa e registro de ideias no processo de criação da peça *Plenitude Oca*

209 Pequeno glossário de joalheria e processos de fabricação

217 Referências bibliográficas

221 Créditos das figuras

NOTA DO EDITOR

O homem, desde o início de sua existência, produz elementos artísticos associados a ornamentos – as joias –, revelando assim sua criatividade, representando os símbolos de cada época e colocando em destaque a dimensão estética do mundo material, ou mesmo das formas naturais.

Segundo Eliana Gola, a joia, como adorno, é eternamente ligada aos desejos do homem e à sua capacidade, ou vontade, de construir novas linguagens e, com elas, significados eficientes na elaboração de identidades. Marca momentos históricos e identifica sinais importantes no relacionamento de um indivíduo com determinado grupo, independentemente da etnia, da geografia, da topografia e de outros aspectos diferenciais.

O Senac São Paulo pretende esboçar, neste livro, o panorama das joias, buscando descobrir os atributos que qualificam tão bem a joia brasileira e, dessa forma, contribuir para fundamentar e incentivar futuras criações.

Este trabalho, que sinceramente tive muito prazer em fazer, dedico ao meu amado filho Arthur, como incentivo à perseverança e à busca do conhecimento.

Agradecimentos

Encaminhar minha vida profissional para a joalheria representou uma ruptura e um recomeço. Não imaginava que fosse tão difícil e belo desbravar os caminhos da profissão de designer de joias.

Nessa tarefa, tive o impulso inicial de duas pessoas, tão queridas, que acreditaram na minha opção. Elas já se foram. Mas continuam sendo meus exemplos de coragem, valentia e persistência, e deixaram a certeza de sua confiança e de seu carinho – minha mais preciosa herança. Aqui, com toda a minha saudade, agradeço a meu pai João e à minha prima Marisia.

Tenho muitos outros agradecimentos a fazer às pessoas que, de alguma forma, colaboraram para a concretização deste trabalho.

Aos meus irmãos, pelo apoio e carinho; aos meus amigos de trabalho, Mario Massao, da joalheria Rosa Okubo, e Tobias Dryzun, da Dryzun joalheiros, pelo incentivo.

Ao meu querido professor e amigo Jorge Carvajal, por me iluminar com seu conhecimento, sabedoria e carinho. Ao meu amigo e orientador Luiz Munari, pela paciência e dedicação. E, especialmente, ao meu marido Vinicius, por sua compreensão e participação efetiva na elaboração deste livro.

A esses e a muitos outros, que foram importantes na realização deste trabalho, os meus sinceros agradecimentos.

Dos restos de uma explosão cósmica, uma imensa
massa incandescente lentamente esfriou [...]
Criou-se um esplêndido berço para o aparecimento da vida em nosso planeta [...]
Por toda parte, nos rios, cachoeiras e mares de águas cristalinas,
milhares de criaturas coloridas e formas das mais diversas;
nas florestas, desertos e campos, magníficos animais com chifres,
pelos coloridos, garras, dentes, detalhes especiais,
extraordinários e atraentes.

O homem, de cor pálida e quase sem pelos.
Com muito pouco ou nenhum atrativo em meio a tão exuberante
ambiente, tinha apenas a capacidade de refletir e reconhecer o belo.
Então, este homem primitivo, depois de comer sua caça,
um faisão dourado, resolveu aproveitar as lindas penas
para se tornar mais atraente à sua amada.[1]

Adaptado de Pedro Correia de Araújo

---

[1] *Apud* Renato Wagner, *Joia contemporânea brasileira* (São Paulo: Spig, 1980), p. 46.

INTRODUÇÃO

Na história da humanidade, pelas variadas funções que assume em diferentes épocas e culturas distintas, a joia sempre esteve presente. É moeda universal que não perde seu valor material, é documento que resiste ao tempo, é patrimônio impregnado de sentimentos e de história.

Em tempos modernos, conhecem-se histórias de povos que, devido a guerras e perseguições, foram obrigados a deixar seus países e a abandonar seu patrimônio, mas, conseguindo manter consigo suas joias, recomeçaram suas vidas graças a essas moedas universais. E entre o povo cita – migrantes indo-europeus do século VIII a.C., de quem não se conhece nem escrita nem moeda –, a joia serviu de suporte, uma espécie de documento que trouxe até nós vestígios de sua cultura.

As joias, sejam exclusivamente como adorno, sejam ainda para outra função, assim como a vestimenta, são suportes para insígnias específicas dos ocupantes de um território, são marcas de um momento histórico, sinais importantes no relacionamento de um indivíduo com determinado grupo.

Para tentar conhecer a evolução da joia entre diferentes povos, é fundamental identificar suas características em períodos distintos, relacioná-la com os costumes, a geografia e a topologia locais, analisar as temáticas e a diversidade de materiais empregados. O esboço de um panorama da história da joia é, assim, parte importante deste trabalho, que pretende chegar a um perfil dos atributos que identificam a joia brasileira e, assim, contribuir para fundamentar nossas futuras produções.

Para identificar a trajetória construtiva e simbólica deste nosso objeto de estudo, tentamos traçar uma breve história da joalheria[2] em diferentes culturas, e para isso é fundamental chegar à definição de joia e, principalmente, de joia como adorno.

Ser adorno – geralmente usado no corpo – é uma das primeiras características da joia, ao servir-se de materiais preciosos, metais e pedrarias (ou ao tentar imitá-los). E essa característica faz com que ela possa ser um artefato portador de significativo valor estético, ou seja, de valores considerados embelezadores na época em que foi realizada.

Como portadora de valores, a joia tanto pode representar o insigne, o poder, o conhecimento esotérico, quanto ser sinal de riqueza material. E, inclusive, pode ser impregnada de acepções negativas, ao representar a futilidade e a aparência meramente exterior de tudo o que é terreno; ou, ainda, que a ela também sejam atribuídos valores mágicos, espirituais e até transcendentes, segundo diferentes interpretações de vários povos e culturas. Assim, em sua materialidade de adorno, a joia sempre está acompanhada de significados que a tornam um objeto simbólico.

---

[2] Ao lado de *joalheria*, é comum surgir *ourivesaria*, denominações importantes na história da cultura material, embora hoje estejam bastante misturadas. Ao falarmos em *joalheria*, o foco recai na *criação* e na *feitura* de objetos para servir de *ornamento*, usando metais como ouro e prata, por exemplo, associados ou não a pedras preciosas (e até mesmo a imitações simulando seu brilho). Já a *ourivesaria* dá valor artístico a *metais* considerados preciosos, segundo as culturas e as épocas, não importando se os objetos com eles confeccionados sejam joias, armas, baixelas ou objetos utilitários. Por isso é tão importante delimitar o que é *joia* e tentar defini-la.

O simbolismo religioso, por exemplo, nas diferentes tradições, ao referir-se à joia, enfatiza o seu caráter de representação das verdades espirituais de algumas crenças, ao usá-la como objeto em seus rituais e em suas vestes. Já as coroas, os cetros, as tiaras, as pedras preciosas bordadas nas vestimentas dos nobres são, entre outros, símbolos de poder temporal, conquistado ou concedido, que se considera, com ou sem razão, superior. Outra conexão que não pode ser esquecida é a que liga a joia à concretização de fenômenos, como, por exemplo, uma joia em forma de serpente, em círculo ou como o oito do infinito, para representar, ou "quase ser" (para o seu portador), a energia em movimento, eterna e renovada – símbolo realizado em joia, como adorno e, também, como amuleto.

Como amuleto, a joia costuma ser um objeto de pequenas dimensões, quase sempre carregado junto ao corpo, servindo aos homens como projeção de um mundo mágico – proteção contra espíritos, mau-olhado, desgraças e doenças – e visando à ventura, à fortuna e à felicidade. Nessa condição de amuleto ou talismã, atribui-se à joia a possibilidade de absorver a forma e até mesmo a qualidade específica daquilo contra o que ela protege;[3] seu significado é o de ser expressão simbólica da possibilidade da intervenção de poderes sobrenaturais e singulares na vida humana. Entre os amuletos, há configurações predominantes: chifres, trevo-de-quatro-folhas, pimentas, figas, olhos-gregos, nomes cabalísticos, letras mágicas, efígies de santinhos (ou entidades outras, dependendo da sociedade considerada), e mesmo pedras preciosas a que se atribuem certos poderes.

Originalmente, o uso de adornos esteve ligado a essa função de amuleto – comum desde épocas pré-históricas e de que se têm testemunhos arqueológicos espalhados por toda parte –, como no Egito, onde os mortos eram enterrados com

---

[3] Um bom exemplo disso é a crença de que olhos-gregos, por exemplo, se estilhaçam ao absorver a "carga" de mau-olhado dirigida ao portador.

réplicas de todos os seus pertences, para assegurar-lhes vida perene além-túmulo, e as múmias usavam colares com amuletos contra a "morte", para defendê-las nessa vida eterna. Ainda que atenuado, esse uso persiste na atualidade.

Uma consulta a dicionários reforça a ideia de que o amuleto é um objeto detentor de poderes e qualidades, tais como desviar ou evitar males, desgraças e feitiços. Ao adornar seus mortos com amuletos, os egípcios os equipavam para assegurar a inviolabilidade de seus corpos, já que para eles a vida – aquém ou além-túmulo – só era possível enquanto o corpo permanecesse.

Uma incursão na etimologia das palavras "ornamento", "ornamentação", "ornamental" reforça tal ideia. Essas palavras são derivações do verbo latino *ornare*, que significa, na acepção latina original, "adornar" ou "equipar" (como, por exemplo, equipar um navio). Nesse sentido, "ornar" não se resume a adicionar coisas supérfluas, mas exprime um acréscimo de qualidade, uma melhoria. Como se vê, para chegar à ideia de "ornamento" como adorno artístico, estamos a poucos passos, e cabem aqui algumas considerações quanto ao caráter estético e estilístico da *ornamentação*, que vai evidenciar a importância da joia como objeto de arte.

Como *ornamentação* se configura na utilização de equipamentos, ou seja, de adornos para fins estéticos, *ornamental* quer dizer "com equipamento, adornado artisticamente". Isso está no cerne do conceito de arte decorativa, tomado em seu sentido amplo, em que o enfeite ou ornamento é um "equipamento" que identifica uma obra, revelando sua origem e data, qualificando o conjunto, ou seja, atribuindo-lhe valor artístico.

Nunca de forma arbitrária, sempre se ajustando à finalidade, *ornar* pode relacionar-se a inúmeros temas, adequando a matéria ao objeto que se pretende equipar, ou seja, adornar. A ideia de *ornamento*, portanto, está vinculada à interpretação dos diferentes povos, civilizações e épocas que, ao ligar o ornamento aos objetos, transformam esses mesmos objetos em veículos que nos auxiliam a compreender, hoje, em sua permanência, as culturas humanas.

Quanto ao caráter estilístico das joias, cabe lembrar que *ornamento* não é apenas um conceito da arte decorativa; é também indicador, fator principal da identificação de um estilo em qualquer arte. Por *estilo*, entende-se, aqui, o conjunto de características peculiares que identifica cada objeto. Essas características se distinguem pela singularidade resultante da combinação recíproca entre matéria, finalidade, forma, nível cultural, avanço técnico e tecnológico, que marca as maneiras de conceber e criar de cada época ou povo, levando-nos a perceber que, entre as artes, a arte decorativa, apesar de poder ser compreendida de forma global, universal, comporta diferentes estilos e distinções no interior de cada um deles.

Uma vez ressaltada a natureza dos diferentes elementos que participam da existência do objeto ornamental, podemos resumir o já dito, afirmando que o homem, desde os primórdios, produziu elementos artísticos associados a ornamentos, revelando sua criatividade e, aliando-a às representações simbólicas de cada época, pôs em destaque a dimensão estética do mundo material, ou mesmo das formas naturais.

O valor de proteção contra intempéries, que produziu vestimentas feitas de peles e penas de animais, por exemplo, não é mais importante para a sobrevivência da espécie do que os atributos olfativos e visuais nelas existentes, da qual se fabricam perfumes e adornos, acrescidos, por sua vez, de valores simbólicos. A proteção, assim, importa tanto quanto a forma, e é a partir dessa mesma forma (e dos acessórios decorativos – equipamentos – que a acompanham) que se estabelece um primeiro grau de identificação sociocultural.

Assim, durante toda a história da humanidade, independentemente de diferenças étnicas, geográficas, topográficas ou quaisquer outras, o homem tem produzido objetos para enfeitar, agradar, seduzir. Entre eles, as joias, objetos perfeitos para tais finalidades. Universalmente e em todos os tempos, a joia, como adorno, tem um vínculo perene com os desejos do homem e com sua capacidade, ou mesmo intenção, de construir novas linguagens e, com elas, significados eficientes na elaboração de identidades; e, assim, da ideia de ser único, apesar de todas as igualdades, e da possibilidade de ser vário, ao experimentar todas as possíveis diferenças.

Um pouco de etimologia

Na busca da origem etimológica da palavra "joia", encontram-se inúmeros significados, entre eles, os de "enigma" e de "jogo".

Em dicionários de português (por exemplo, o de Laudelino Freire e o de Morais Silva), a origem etimológica da palavra *joia* é apresentada como "do baixo latim, *jocalia*", que deriva de *iocus* (jogo). O dicionário Webster menciona como origem do vocábulo *jewel* – joia, em inglês – as palavras (do médio-inglês e do francês antigo) *juel*, *joel*, *joiel* (jogo, brinquedo). Já nos dicionários Littré e Robert, encontram-se duas possíveis proveniências para a palavra francesa *joyau* (joia): do baixo latim *jocalis*, que vem de *iocus* (gracejo, brincadeira); e/ou do latim *joie* (alegria), que provém de *goie* e *gaudia*.

Com uma breve pesquisa, percebemos que, no francês antigo, a palavra tem origem em *iocus*, que significa "jogo de palavras" e "gracejo". Aprofundando um pouco a investigação sobre esses sentidos, podemos verificar, em dicionários especializados como o *Dicionário etimológico da língua latina*, de Meillet, que "*iocus* é unido a *ludus* como jogo de ação". Em Cícero, encontramos *"per iocum"* tanto com o sentido de "jogo" quanto com o de "gracejo". Nas línguas romanas *iocus* suplantou *ludus*, criando novas etimologias para *jogo*. A esse sentido soma-se o de *gaudia*, do latim, que significa "alegria", "prazer", "objeto de amor"; ou ainda a raiz grega *gán(os)*, presente em *gánymai* ("brilhar, estar radiante de alegria") e *ganáo* ("brilhar, reduzir"). Os significados de *iocus* e *gaudia* acabam por associar--se, quando encontramos, para o primeiro, "gracejo" e "brincadeira", e, para o segundo, "prazer" e "alegria". As línguas latinas parecem aproximar o sentido das duas palavras, que na língua italiana chegam até a fundir-se: *gioia* tem tanto o significado de "alegria" quanto o de "joia". Podemos pensar, portanto, ao elencarmos os sentidos da palavra *joia*, em "prazer", "objeto de amor" e "alegria"; e, talvez por evolução semântica causada pela proximidade com a expressão "radiante, brilhante de alegria", chegar ao seu significado tal como o conhecemos hoje.

DA PRÉ-HISTÓRIA À HISTÓRIA: A JOIA NOS SEUS PRIMÓRDIOS

Convencionalmente, a história inicia-se em 4000 a.C., com a invenção da escrita, que permitiu ao homem deixar relatos em pedra, madeira, argila e vários outros materiais disponíveis como suporte. Porém, ainda que esse marco divisor entre história e pré-história seja conveniente – uma vez que a escrita, por sua permanência, introduziu uma diferença fundamental no modo de vida social –, mesmo sem ter escrita, a pré-história, pelos seus vestígios, foi um período muito rico em eventos, como, por exemplo, a passagem das culturas caçadoras e coletoras, de alta mobilidade, às culturas agrícolas, temporariamente fixas, embora ainda nômades.

Assim, não há fontes escritas para testemunhar esse período de evolução do homem, mas apenas manifestações não escritas: armas, adornos, utensílios, vestimentas, pinturas e todo tipo de objetos, ou seja, as mais diversas espécies de registros materiais produzidos pelas culturas antigas são (como ocorre com todas as manifestações materiais, antigas ou modernas) depositários de imensa carga de informações.

Achados arqueológicos datados desse período tão extenso revelam, ao lado de utensílios, adornos feitos com (e em) elementos naturais: conchas, ossos, presas de animais, pedaços de rochas, minerais e cascalho, supostamente amarrados com tiras de couro ou alguma fibra vegetal. E, também, objetos muito simples, feitos de ouro, com alguma manipulação desse metal tão maleável, encontrado *in natura*. Todos esses achados dão indícios da incipiência da técnica de produzir adornos e, também, dos valores a eles atribuídos. Ao que parece, foi a necessidade de adornar-se do homem – que, em matéria de aparência, se compararmos a espécies mais vistosas, é dotado de poucos atributos –, para igualar-se aos mais "belos" (o que quer que isso signifique), diferenciando-se de seus semelhantes (e qualificando-se perante eles), que o levou a incluir os aviamentos – e entre eles os objetos de ourivesaria e de joalheria – como uma das mais antigas formas de arte, concomitante à pintura, que, também, de início, era um "aviamento".

O Paleolítico

As primeiras manifestações do homem pré-histórico em relação ao adorno de uso pessoal remontam ao Paleolítico, ou seja, ao período da Pedra Lascada, em que, valendo-se de armas feitas de pedra, o homem abatia caças. No decorrer desse período, na época denominada Paleolítico médio, quando já habitava as cavernas, desenhos feitos em suas paredes indicam que o homem também se "decorava": pintava seu corpo e utilizava adornos.

Apesar da dificuldade em se determinar a origem dos adornos – que hoje chamamos de joias –, pode-se dizer que sua existência está documentada desde aproximadamente 35 mil anos antes de Cristo. Em seu livro *Pré-Histoire et l'art occidentale*, Leroi-Gourhan classifica os objetos de adorno da pré-história em "objetos para dependurar", ou pendentes (também denominados pingentes), atravessados por um buraco, para a passagem de um fio (Figura 1); ou "objetos de adereço", providos de ranhuras para fixar um laço (Figura 2), todos eles com, no máximo, 7 cm de comprimento. A partir da observação de suas formas, tais objetos podem ser agrupados em três categorias: a dos pendentes (ou pingentes); a dos contornos recortados; e a das rodelas.

Pendentes ou pingentes: são os mais antigos adereços de que se tem conhecimento. São feitos de dentes, de conchas, de ossos e de pedras. Alguns têm formas de presas ou garras, outros assumem formas naturais, outros, ainda, são decorados com incisões com temas geométricos (Figura 3). Remontam, na Europa, ao período do Paleolítico médio, passando pelo Paleolítico superior (de ± 35000 a.C. a 10000 a.C.) –, perpassando épocas que recebem diferentes denominações específicas, dependendo da região e do fenômeno (climático, antropológico, etc.) considerados.

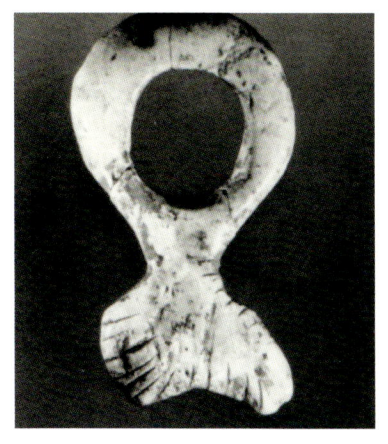

Figura 1. Osso furado, supostamente usado como pendente, enfiado em algum fio de fibra natural ou de couro.

Figura 2. Exemplares ancestrais de joias, feitos em osso.

Figura 3. Adorno pré-histórico esculpido.

Figura 4. Adorno pré-histórico, com tema animal e perfil humano. A ornamentação se estende a inúmeros assuntos, podendo ser utilizada de forma variada.

Contornos recortados: são mais recentes, datam do período magdaleniense[1] (10000 a.C.), corresponde-te ao final do Paleolítico superior. Medem, em média, 5 cm de comprimento. Representam, em geral, cabeças de animais como o cabrito montês, o bisão e o cavalo. São recortados e com incisões para assinalar olhos, boca e nariz (Figura 4).

Rodelas: são do mesmo período que os de contornos recortados. São pequenos discos, perfurados no centro e com incisões representando animais como o cabrito, o cervo e a vaca, entre outros (Figura 5).

Esses pequenos objetos, evidências de que a ornamentação corporal remonta à pré-história, são cuidadosamente entalhados. Alguns, como as rodelas, recebem incisões que delineiam animais cuja espécie, pelo detalhamento, podemos reconhecer.

Além dessas categorias, há os colares. Presume-se que, a princípio, o homem das cavernas tenha recorrido a objetos de fácil manipulação, encontrados em abundância na natureza: pequenos crustáceos, fósseis, caracóis, vértebras de peixe, dentes de animais – e talvez sementes –, que eram amarrados em cordões de fibra vegetal.

---

[1] Assim chamado por causa dos achados pré-históricos na região de Magdaleine, na Dordonha, França, como a famosa gruta de Lascaux.

Para o homem dessa fase do Paleolítico, tais objetos provavelmente representavam outros valores, que não apenas o de adorno, podendo ser um troféu de caça – testemunho de valentia, que proporcionava, a seu portador, lugar de destaque na ordem social da comunidade. Poderiam ser, também, símbolos religiosos. Mesmo que a distância no tempo e a escassez de informações não nos permitam falar da função ou do simbolismo desses objetos com absoluta certeza, a sua peculiaridade e o tamanho das suas formas são fortes indícios de sua utilização como adorno corporal.

Figura 5. Impressionante rodela gravada com imagem de um bisão.

Ainda no Paleolítico, na França, no período magdaleniense, foram encontrados utensílios muito aperfeiçoados, não sendo mais fabricados a golpes, mas por pressão e incisão no material do utensílio. Encontrou-se, ainda, grande quantidade de sílex, sob forma de buris, raspadores e punções com bordas afiadas, demonstrando a perfeita habilidade com que o homem elaborava suas ferramentas de pedra. Já nos adornos, também são notáveis as técnicas e o refinamento empregados. Quanto aos materiais, é cabível imaginar que, provavelmente, em seus deslocamentos nômades, o homem do Paleolítico recolhia todo tipo de material estranho, raro e brilhante que encontrava. Colecionava, dessa maneira, pedaços de cristal de rocha, jade, corais e outras pedras que apresentassem cores vivas e pudessem ser utilizadas para fabricar adornos. No período magdaleniense, a novidade mais apreciada teria sido o âmbar, utilizado em seu estado natural, que teve sua difusão ampliada no período seguinte, o Neolítico.

É instigante imaginar que, nos milhares de anos do Paleolítico ao Neolítico, a pintura – de início, talvez, apenas atavio corporal imitativo – também agregou valores simbólicos e estéticos, tendo ocorrido uma evolução semelhante na técnica utilitária de transformar a pedra em objeto. Supõe-se que, uma vez terminada a caçada ou a coleta do dia (e depois de satisfeitas suas necessidades alimentícias), o caçador precisava de alguns momentos de descanso, de ócio, para organizar seus pensamentos e inquietações; e, para isso, realizava uma atividade criadora. Pode ter sido assim que começou a gravar ou a pintar as paredes das cavernas com cenas de episódios de sua vida ou com registros gráficos dos animais, da intenção da caçada. Ele os representava com poucos traços, e finos – imagens quase impressionistas, que assombram os observadores modernos –, e com eles conseguia desenhar uma imagem indicativa e reconhecível do animal, sua posição e seus movimentos. E pode-se imaginar que foi também assim que evoluíram a concepção e as técnicas dos objetos de adorno.

O Neolítico

O desenvolvimento iniciado no período anterior manteve-se até o final da época glacial (8000 a.C.), porém as condições de vida do caçador neolítico transformaram-se, como a evolução dos grupos e de suas culturas nos deixa perceber.

O clima tornou-se menos rigoroso depois que o gelo da última das idades glaciais recuou e a paisagem da Terra foi adquirindo, aos poucos, o aspecto atual. Grandes acontecimentos, descobertas e invenções caracterizaram a nova época.

A primeira descoberta do período Neolítico foi o emprego de novos materiais duros, vulcânicos, que podiam ser polidos e utilizados na fabricação de armas e utensílios. A segunda foi o conhecimento do processo de cultivo de cereais (como trigo, cevada e centeio) e, em seguida, a domesticação de animais (como o carneiro, a cabra, o cavalo e tantos outros).

Os caçadores dos tempos pós-glaciais evoluíram, as tribos tornaram-se sedentárias; habitavam moradias estáveis agrupadas em colônias, dedicavam-se à agricultura e à pecuária e, provavelmente observando os restos de fogueiras, inventaram a arte da cerâmica.

Igualmente nos adornos pessoais manifestaram-se novas tendências. A preferência se inclinava, provavelmente, aos materiais mais raros e mais resistentes, e às formas mais elaboradas e complexas, entre elas anéis e braceletes finamente trabalhados.

Os materiais utilizados diferenciavam-se de região para região, de acordo com as condições naturais e com os processos de intercâmbio. A princípio, predominaram substâncias mais maleáveis, como o alabastro e outros minerais semelhantes, e, ao mesmo tempo, criavam-se adornos com materiais mais resistentes como o quartzo, a ametista, a jadeíta, o âmbar, além do coral, do cobre e do ouro. O trabalho em ouro, pela maleabilidade e resistência desse metal, talvez tenha sido a primeira das formas de trabalho em metal de que se tem conhecimento.

Entrando na história

Na passagem do quarto para o terceiro milênio antes de Cristo – principalmente no Mediterrâneo oriental (hoje parte da Europa), na orla do Nilo (hoje parte da África) e nas regiões dos rios Tigre e Eufrates, ou Mesopotâmia (hoje parte da Ásia) – evoluíram as chamadas "primeiras civilizações" (pelo menos no que diz respeito ao uso da escrita e à influência que tiveram na cultura do Ocidente), de povos como os troianos e cretenses (gregos), como os tinitas (egípcios) e como os sumérios (mesopotâmicos).

Povos da Antiguidade, como os sumérios e, entre outros, os caldeus (habitantes de Ur), tentavam sondar os mistérios do Universo observando as estrelas, com o intuito de melhorar as colheitas ou de prever o futuro. Para essa última finalidade, também utilizavam minerais e pedras.

Nessas sociedades, os papéis de médico, sacerdote, vidente, astrônomo e astrólogo estavam fundidos em uma só pessoa. Em suas observações, esses sábios tinham atribuído conexões entre o planeta Terra e as estrelas, tendo os minerais como elo. Comparavam as cores com que viam as estrelas e as cores das pedras – fundamento empírico, mas de grande coerência analógica –, criando, assim, laços místicos entre o homem e a natureza.

Com a difusão dos metais e o conhecimento da escrita, várias novas atividades e interesses repercutiram nas diversas manifestações artísticas, que conheceram notável desenvolvimento. Na Idade dos Metais, ainda considerada proto-história, incorporou-se às culturas uma nova maneira de se relacionar com a natureza, manifestando-se por meio da busca de materiais, de novas tecnologias e de novas visões de mundo – características de cada civilização e expressas em sua arte e seus adornos.

As joias e as Idades dos Metais

A Idade do Ouro

Este período refere-se à fase em que se começou a descobrir ouro na natureza, no atraente estado de "pronto para usar" (Figura 6), ainda na pré-história.

Mais tarde serviu para criar a denominação Idade do Ouro – em várias civilizações, como a grega, por exemplo –, por estar impregnado de uma visão idílica e utópica da história da humanidade, um período de abundância, completude e inocência. A suavidade desse metal, sua cor, seu brilho, que o associam ao Sol, o fato de não oxidar-se, de fundir-se a si mesmo, dão à sua funcionalidade um alto valor ornamental. Dúctil, uma pepita pode ser facilmente martelada, até se transformar em fina folha de ouro. Sua beleza e qualidade, o fato de ser considerado uma dádiva dos deuses, acabam por tornar o ouro um excelente presente, para retribuir a esses mesmos deuses, o que acaba por ligá-lo aos mortos, em seu retorno à convivência com os seres divinos.

Figura 6. Pepita de ouro.

Uma vez que abrange os adornos existentes desde a pré-história, feitos com presas de animais – ou confeccionados simplesmente com folhas finas de ouro e uma variedade mínima de ferramentas –, enfatizamos novamente que o conceito de joia é extremamente amplo. A construção da joia de ouro ou de prata e a combinação desses metais com pedras de cor começaram, de forma mais efetiva, no início da chamada Idade do Bronze. A partir de então, há aproximadamente 5 mil anos, o mundo viu a produção de joias desenvolver-se continuamente, em técnicas e desenhos.

Os desenhos refletem aspectos das sociedades nas quais a arte floresce. Religião, superstição, organização social, econômica e comercial, guerras, etc. – ou seja, o que é considerado relevante – marcam as artes e a produção de joias.

Pode-se dizer que, em torno de 2000 a.C., os ourives já tinham desenvolvido as habilidades necessárias para modelar o ouro. Manipulando-o com mais propriedade, até mesmo unindo pequenos componentes, começavam a usar a soldagem por fusão. Primeiramente, sob forma da técnica de granulação, que rapidamente se expandiu. Essa técnica consiste em formar um desenho com minúsculas esferas de metal, dando à peça um aspecto primitivo e rústico.

A combinação de pedra de cor com ouro tornou-se popular no Egito e na Mesopotâmia. As pedras favoritas eram a cornalina e o lápis-lazúli, mas também foram empregados feldspatos verdes e outras pedras.

Na Europa, segundo as evidências, a preferência parece ter sido por joias apenas de ouro, uma vez que por lá não eram encontrados o lápis-lazúli e a cornalina, existentes apenas nas montanhas do Oriente.

No Egito, raramente se tem notícia de joia com granulação. Aí, a joia privilegiava o contraste das cores das pedras e dos pigmentos com o ouro, num estilo figurativo. Esse recurso do contraste tem paralelo nos hieróglifos da escrita egípcia, em seu início estritamente pictóricos, definidos, muito diferentes dos decalques abstratos da escrita cuneiforme da Mesopotâmia, impressos com cunhas na argila úmida, como carimbos.

A técnica de usar pressão para imprimir também se manifesta nas joias. Desde 2000 a.C. conheciam-se anéis de sinete (ou anéis de selo) no Egito. Eram selos com forma oval e com a representação, por exemplo, de um besouro – o escaravelho – em relevo, para ser impresso na cera ou no barro.

Na Ásia, o selo tradicional – um cilindro gravado – era rolado sobre o barro ou a cera para deixar sua impressão. Provavelmente para manter os selos juntos e próximos ao usuário, eram enfiados como pendentes, em um fio que os unia, ou usados em colares ou em brincos. Os egípcios não usavam brincos no período anterior a 1500 a.C. Já na Mesopotâmia os brincos e os anéis de selo eram utilizados mil anos antes (2500 a.C.).

A Idade do Ferro

Mil anos depois da Idade do Ouro, soprou um vento de mudança nos projetos de joias em quase todas as civilizações, com exceção da egípcia, mais presa às suas tradições.

Novos estilos surgiram e foram difundidos pelos fenícios, ao mesmo tempo que o grau de precisão das técnicas refletia a disponibilidade das novas ferramentas, agora de ferro.

O estilo fenício punha em evidência a granulação somada a outras técnicas decorativas, e espalhou-as pelo Mediterrâneo, região que corresponde ao que atualmente vai da Síria até a Espanha. A soberba joalheria dos etruscos, mais conhecida pelo trabalho minucioso e perfeito de granulação, deve muito aos fenícios, que difundiram e agregaram outras influências com as quais entraram em contato em suas viagens. Entre essas influências, devemos mencionar os motivos de animais das estepes russas (para onde migraram os citas), da Turquia e da Pérsia, os ornamentos, como pulseiras com motivos florais, ou, ainda, o estilo céltico para o qual o Art Nouveau olharia como fonte de inspiração mais de 2 mil anos depois.

Em 334 a.C., com a conquista do Império Persa por Alexandre, o Grande, a homogeneização da joia oriental tornava-se quase completa, substituindo as tradições egípcias e gregas, então coexistentes, pelo estilo helenístico metropolitano (influência que perdura muito além do próprio Império de Alexandre).

A joia grega desse período caracteriza-se pela decoração abundante de filigrana, organizada em forma de espirais, ondas e flores. A técnica de granulação é utilizada apenas para realçar a filigrana, que, por sua vez, era muitas vezes embelezada por esmalte, provocando um esplendor policromático – hoje ausente, dada a devastação do tempo.

A JOIA E AS PRIMEIRAS CIVILIZAÇÕES

Cita

Na tragédia de Ésquilo, *Prometeu acorrentado*, é na inóspita região da Cítia, preso em um rochedo, que o herói deve cumprir o castigo, ordenado por Zeus, por ter ousado roubar o fogo celeste: mito que simboliza a transformação da nossa espécie de animais instintivos em seres culturais civilizados.

A Cítia, mencionada nas primeiras palavras dessa tragédia como "longínqua região [...] solitária e inacessível", é o que chamamos de Grande Estepe, planície de extensas pradarias naturais, que se estende dos confins da China até as margens do Danúbio e, atualmente, faz parte da Rússia. Do povo cita, sabe-se que eram nômades provenientes da Pérsia (Irã), e migraram para essa região. Excelentes cavaleiros e arqueiros, eram considerados pelos gregos o povo mais antigo do mundo (mas essa não é uma opinião unânime). Indícios descobertos recentemente é que permitem identificá-los como um dos primeiros povos indo-europeus e como os maiores ourives do mundo antigo.

No século V a.C., Heródoto escreveu detalhadamente sobre os citas; narrou sua origem e suas lendas, que atualmente são reavaliadas pela historiografia.

Figura 7. Exemplo da magnífica arte zoomórfica puramente cita (séculos VII e VI a.C.). Do cervo de ouro, o artista quis mostrar suas qualidades interiores: a força, a velocidade e a vivacidade.

As estepes russas, até hoje, conservam seus monumentos funerários – chamados *kurgans* –, túmulos repletos de tesouros que, durante a primeira metade do século XX, constituíram a principal fonte da arqueologia soviética.

Não há nada que se possa chamar de escrita dos citas; e, mesmo sendo excelentes ourives, deles se desconhece qualquer tipo de cunhagem de moedas para servir como fonte de informação. Mas seus objetos – recuperados nas sepulturas – revelam a surpreendente maneira de viver desse povo, sua complexidade e seu talento criativo. Em 1763, na Ucrânia, foi descoberto um túmulo do início da civilização cita. Nele, encontraram-se inúmeros objetos de ouro e prata, um *akinake* (a espada curta dos citas) de ferro, com a bainha e o punho decorados com seres fantásticos e divindades antropomórficas junto a uma árvore sagrada.

Outra fonte de informações sobre os citas é a coleção da Kunstkammer – de Pedro, o Grande, da Rússia, e um dos núcleos formadores do Museu Hermitage, em São Petersburgo –, a misteriosa e maravilhosa coleção de antiguidades siberianas, como arqueólogos a qualificaram no princípio do século XIX. Essa coleção só pôde ser identificada quando se estudou a cultura cita em um território mais vasto.

As pesquisas arqueológicas revelaram um alto grau de unidade cultural na vasta região das estepes e pastagens que se estende por 7 mil quilômetros, do paralelo 40 ao 50, do Danúbio até o deserto de Ordos, na China. Em toda essa extensão territorial, os arqueólogos encontraram os mesmos tipos de arreios de cavalo, de espadas curtas de ferro, de pontas de flechas trilobuladas e de ornamentos. Todos esses objetos datam da época de predomínio dos citas, embora a similitude entre culturas de diferentes regiões também se reflita na grande difusão das representações de animais, no estilo denominado zoomórfico cita-siberiano (Figuras 7, 8 e 9).

Os citas – ou pelo menos sua denominação – desapareceram da história abruptamente, tal como entraram. No entanto, suas marcas permaneceram em grande parte da Europa, influenciando diretamente a arte popular do sul da Rússia, nos bordados, nas esculturas de madeira, na olaria e nos brinquedos.

Certas joias citas nos dão informações sobre o vestuário, o modo de vida e os costumes desses nômades das estepes. Por intermédio desses adornos, sabemos que os citas eram excelentes cavaleiros e, para montar, forravam seus cavalos com um pequeno xabraque (uma capa de tecido ou couro, que cobria o lombo do animal) e não usavam estribos;

Figura 8. Pantera enrodilhada que provavelmente adornava um escudo. De ouro maciço, pesa mais de 220 gramas (o olho, as narinas, as patas e a cauda aparentam ter tido incrustações).

Figura 9. Como na pantera da figura anterior, note-se a geometrização das formas. Ornamento cita (par de placas simétricas, para prender vestes) representando um cavalo sendo atacado por um animal (leão?) alado e com chifres (século IV-III a.C).

Figura 10. Pente encontrado num túmulo cita da Ucrânia (século IV a.C.). Um grupo de combatentes e cavalos na parte superior; e, no friso inferior, em ambas as faces, foram esculpidos, em alto-relevo, cinco leões agachados.

Figura 11. Vaso de ouro, do século IV a.C., que faz parte de um conjunto de três. Representam fatos simples da vida dos citas.

e, ainda, que foram o primeiro povo a usar calças compridas e caçar com arco e flecha (Figura 10).

Egípcia

Em termos de arte, a civilização egípcia pode ser considerada uma das mais qualificadas de que se tem notícia. Os padrões básicos de suas instituições, suas crenças e suas ideias artísticas formaram-se entre 3000 e 2500 a.C., sendo mantidos e reafirmados nos dois mil anos seguintes. Assim, à primeira vista, a arte egípcia parece ter um único "padrão" de estilo; mas, ao nos aprofundarmos, percebemos que, sem nunca ter sido estática, ela oscilou entre conservadorismo e inovação, e sua monumentalidade influenciou a arte grega e a romana – e, em consequência, a arte do mundo.

As fontes de informações históricas e culturais do Egito são ricas e fartas, devido, principalmente, à sua escrita e à preocupação com a vida após a morte, registrada nos Livros dos Mortos e em grandiosas sepulturas, cuja conservação foi favorecida pelo clima seco.

Entre as chamadas "artes menores", destacava-se a joalheria, de que temos exemplos nos achados arqueológicos em tumbas egípcias encontradas intactas: anéis, broches (Figuras 12 e 13), brincos, colares, diademas, peitorais, leques, máscaras mortuárias, chegando mesmo a camas, liteiras, sarcófagos em ouro puro e maciço, adornados, entre outros, com turquesas e lápis-lazúli, ou finamente esmaltados, com trabalhos de textura em lâminas de ouro e uso da técnica de embutimento por pressão (*inlay*, em inglês; *emboutissage*, em francês). Aliás, joalheiros modernos que estudaram tais tesouros observaram – seja pelo exame das joias ou das cenas ilustradas nas tumbas – diferentes técnicas de ourivesaria, como a fundição, a soldagem por fusão, a forja, para criar folhas de ouro extremamente finas (cerca de $1/200^e$ de milímetro), e técnicas joalheiras de decoração, como a cinzelagem, a gravação, o já citado embutimento por pressão, além da incrustação e emprego de granulação e filigrana, e a também citada coloração por esmalte, criando a grande diversidade e o colorido da joalheria egípcia, que privilegiava o uso do ouro.

Figura 12. Anel em ouro, com selo incrustado.

Para esse povo, o ouro representava o poder do Sol – a divindade máxima (e, para o faraó Akhenaton, única) do mundo dos vivos. Já as pedras lápis-lazúli, turquesa e cornalina, pela cor, significavam o céu, o mar e a terra, respectivamente.

Se, apesar dos saques e das profanações de tumbas, toda essa beleza e sua influência chegaram até nós, podemos imaginar, na época, o que era o fausto da civilização do Egito.

Figura 13. Broche egípcio com escaravelho (aproximadamente 1500 a.C.). Técnica de marchetaria, com cerâmica e pedras de cor. O escaravelho era amplamente utilizado em tapetes, adornos em geral e joias, por ser símbolo do Sol e da criação (vida e ressurreição).

Ao lado de todo esse fausto das joias faraônicas, em que a mais conhecida é provavelmente a policrômica máscara mortuária de Tutankamon, encontramos uma profusão de joias mais simples, mas nem por isso menos belas. Um exemplo disso são os sinetes e anéis de sinete.

Os sinetes egípcios inicialmente tinham a forma oval, representando, por exemplo, um escaravelho (para os egípcios, símbolo de ressurreição, que nos hieróglifos representava palavras com significados associados a "tornar-se"), em cuja base plana podia ser gravado um desenho usado para deixar impressões.

Os primeiros sinetes, possivelmente desenvolvidos a partir de contas de amuletos cuja tradição remonta aos tempos paleolíticos, eram usados já em 7000 a.C. Foram encontrados exemplares na Síria e no sul da Turquia, feitos de barro cozido ou de pedra, substâncias fortes o bastante para resistir às constantes pressões no barro ou na cera, para imprimir seu desenho. A ornamentação dos sinetes é muito variada, estendendo-se a inúmeros temas. Em tempos remotos, eles eram perfurados para que fossem enfiados em correias e usados ao redor do pescoço; depois foram usados no pulso, e somente depois de milhares de anos surgiu o sinete como anel de dedo.

Mesopotâmica

Na mesma época em que, no Egito, governava a primeira dinastia, em algum momento entre 3500 e 3000 a.C., no Oriente Médio, na Mesopotâmia ("Terra entre Rios"), ocorria uma grande inundação dos rios Tigre e Eufrates (provavelmente o que a Bíblia chama de Dilúvio), atingindo os sumérios, que, ao lado dos babilônios e assírios, formavam uma das grandes civilizações dessa região.

Provenientes da Pérsia (Irã), os sumérios chegaram ao sul da região banhada pelos rios Tigre e Eufrates pouco antes de 4000 a.C. Fundaram cidades-Estados, como a bíblica Ur, e desenvolveram a escrita cuneiforme sobre placas de argila (Figura 14).

Infelizmente, os remanescentes materiais da civilização suméria são escassos, quando comparados aos do Egito, em parte por terem sido executados em materiais perecíveis, como a madeira e os tijolos de argila. De sua arquitetura pouco sobreviveu, exceto alicerces e fragmentos, e túmulos de seus reis.

Foram encontradas, na cidade de Ur, algumas sepulturas suntuosamente trabalhadas, que nos dão conta da excelência que alcançaram na elaboração dos metais. Forjados em lâminas finas, cobrindo peças de madeira ou betume, usavam cobre e bronze em estátuas de grande volume. Na ourivesaria, faziam peças inteiramente em ouro ou em prata. Ainda que os sumérios não compartilhassem com os egípcios a preocupação com a vida após a morte (mas, no mesmo túmulo do rei, enterrassem todos os seus servos... vivos), a religião tinha lugar em sua sociedade. Esse povo, criativo e disciplinado, tinha um deus que era seu dono e senhor, cujas ordens eram transmitidas por um dirigente humano, o rei, que deveria proteger o povo de outras divindades.

Figura 14. Estatueta de forma feminina, em cobre, com inscrições cuneiformes, proveniente do templo de Inanna, Uruk.

Figura 15. Joias e ornamentos de uma dama da corte da rainha Shub-ab (Ur, *c.* 2800 a.C.). Nestes ornamentos sumérios são combinados lápis-lazúlis e cornalinas com ouro e um pouco de prata. Essas eram as pedras favoritas do começo da joalheria oriental. As formas, simples, porém fortes, das contas e os brincos, ao lado das flores e folhas de ouro estilizadas neste adorno de cabeça, acentuam seu aspecto atemporal.

Nos templos (e *dos* templos), a sociedade era planejada e a produção agrícola era controlada e distribuída.

Não é de espantar que a maioria dos joalheiros, na Mesopotâmia desse período, estivesse ligada a algum templo, pois a circulação de ouro, de prata e de gemas valiosas foi, por longo período, aí controlada por sacerdotes.

Nos túmulos sumérios, os exemplares de joalheria em ouro encontrados eram peças como pendentes, colares, peitorais, brincos e braceletes para homens; e, para as mulheres, anéis, brincos, braceletes e diademas, e outros adornos de cabeça em ouro e pedras (Figura 15).

Dos babilônios, a maior herança cultural que recebemos foi o Código de Hamurabi (*c.* 1760 a.C.), que reformava e unificava as leis em todo o território; e, apesar de monumentos em pedra, onde aparecem figuras com roupas ricamente bordadas e estátuas com partes recobertas com lâminas de ouro, não temos exemplos marcantes e originais de sua arte joalheira, provavelmente por terem sido destruídos nas arrasadoras lutas com assírios, um dos impérios mais despóticos que o mundo já conheceu, com Senaqueribe, em 689 a.C., dominando a região.

A civilização mesopotâmica, marcada pelas rivalidades locais e posta em colapso pelo poder militar, não interrompeu, entretanto, a continuidade das tradições artísticas e culturais criadas pelos antepassados sumérios.

Persa

No segundo milênio antes de Cristo, povos árias, da região do monte Pamir, chegaram ao Indo. Mais tarde, no século IX a.C., duas de suas tribos – os medas e os persas – avançaram até a planície da Mesopotâmia. De início, os medas tornaram-se tribos vassalas dos assírios, mas, nas guerras e nas disputas que assolaram essa região, associando-se aos babilônios, acabaram por tomar conta de uma parte dela, ao receber como presa de guerra todo o planalto irânico, do norte do rio Tigre até o rio Helis, na Ásia Menor. Mas a soberania meda não agradava aos persas, e, em fins do século IV a.C., Ciro, um persa da família aquemênida, rei de Anzã – com o auxílio da mesma Babilônia –, tomou conta de toda a região, submetendo os medas, os lídios e o próprio império babilônico e proclamando-se rei dos medas e persas, o que deu à região do atual Irã o nome de Pérsia.

Entre 522-331 a.C. – sob Ciro II, o Grande, e seus descendentes – o domínio aquemênida estende o Império Persa desde a Grécia e o Egito até a Índia: é o segundo maior império mundial da Antiguidade. É construída uma estrada real que vai de Sardis, na Anatólia, até Susa. Nessa época, com o auxílio de estrangeiros provenientes de todas as partes do mundo conhecido, constrói-se Persépolis, a grande capital do Império, misturando influências – arquitetônicas e artísticas – iranianas, mesopotâmicas, egípcias, lídias e gregas, o que produz uma forma de arte caracterizada como aquemênida, altamente requintada.

Poucos exemplos materiais dessa arte sobraram das ruínas em que o Império foi transformado, mas, pelas imagens que se veem nos tijolos de terracota esmaltada e nos baixos-relevos das ruínas de seus palácios, e, ainda, nos poucos objetos hoje espalhados por museus do mundo, pode-se ter ideia de como eram suas armas, utensílios e sua joalheria, com peças magníficas, trabalhadas em ouro e prata e muitas pedras preciosas incrustadas (Figura 16).

Em 331 a.C., nas guerras de conquista para expansão de seus domínios, Alexandre, o Grande, conquista Persépolis e deixa-a arrasada, pondo fim ao Império Persa, que, até essa época, era o maior existente. Com essa conquista, Alexandre, da Macedônia, torna-se o maior imperador da Antiguidade. O Império de Alexandre e suas ideias dão origem ao que chamamos helenismo, que assimila a arte de todas as terras conquistadas e toda a sua paixão pela sabedoria e arte gregas. Até o Egito – que na época da conquista era governado por Cambises, um aquemênida –, que tinha um estilo tão próprio, recebeu a forte influência do helenismo. O que é fácil de entender, ao percebermos que a influência do helenismo no mundo suplantou a existência de Alexandre, do seu Império, e seus traços perduram até hoje.

Grega

Desde o Neolítico, as ilhas do Egeu – primeiro Creta e depois as Cíclades – já vinham sendo povoadas por africanos e asiáticos, mas, no que interessa à joalheria, as manifestações começam no período Minoico médio (2000 a 1800 a.C.), com o progresso da majólica e da ourivesaria, e continuam no Minoico recente (1700 a 1500 a.C.), quando Creta já é a rainha do Mediterrâneo e em Cnossos reina a dinastia de Minos (de onde provêm mitos gregos como o do Minotauro e seu labirinto, e o do voo de Ícaro). Em 1200 a.C., os Dórios, povo proveniente dos Bálcãs, invadem o continente grego, e os gregos (acaios) procuram saídas na Ásia Menor. É a época da Guerra de

Figura 16. Famoso bracelete persa (século V e IV a.C.).

Troia (que na *Ilíada*, de Homero, tem um motivo bem mais romântico). Até esse ponto, tudo é tratado como mitologia.

Já o período inicial de história da civilização grega durou cerca de quatrocentos anos (por volta de 1100 a.C. a 700 a.C.). Em se tratando de joalheria, sabemos muito pouco do que ocorreu na região antes de 800 a.C., época em que se desenvolveu o mais antigo estilo artístico caracteristicamente grego – o chamado estilo geométrico –, que certamente sofreu influência do povo cita, cuja arte (anterior à grega) já apresentava um estilo geométrico estilizado. Achados arqueológicos de peças em ouro, mais ou menos do século VII a.C., evidenciam esse estilo de representação das figuras humanas e dos animais.

Objetos destinados às cerimônias fúnebres, decorados com cenas compostas de figuras de braços erguidos, em gestos de lamúria ao redor do morto, não trazem nenhuma conotação indicativa de crença na vida após a morte: para os gregos, o mundo dos mortos era uma região sem cores e vagamente definida, onde as almas levavam existência insignificante e passiva.

A joalheria grega desenvolveu-se até as vésperas do início da era cristã, e nesse percurso podemos identificar três fases marcantes: a arcaica, a clássica e a helenística.

Na fase *arcaica* (de 600 a.C. a 475 a.C.), as joias caracterizavam-se pela simplicidade, por causa das severas leis gregas contra o luxo ostensivo. A moda eram brincos em forma de baú (de origem etrusca) e de discos; anéis de escudo, em forma de olho, ou com gravação de cenas mitológicas. Nesse período, a joia grega caracterizou-se pela utilização de motivos florais, pela substituição da granulação pela filigrana, pela presença de elementos estampados com fortes relevos recortados imitando folhas e flores. A arte joalheira anterior, de cunho orientalizante com traços geométricos, utilizava apenas ouro. Mas na época arcaica inicia-se o uso de pedras e pasta de vidro – espécie de esmalte –, produzindo efeito de policromia. O emprego dessa técnica foi mais intenso no século V a.C., quando o ouro passou a ter função de suporte, simplificando a execução das obras (Figura 17).

Na fase *clássica* (de 475 a.C. a 330 a.C.), são características as guirlandas menos estilizadas, imitando as folhas naturais. Os diademas eram compostos de finíssimas folhas de ouro recortado; os brincos tradicionais eram produzidos em quatro modelos fundamentais: baú, disco, navete e espiral.

Na fase *helenística* (de 330 a.C. a 27 a.C.), aquilo que chamamos de arte era considerado pelos gregos (leia-se por influência de Platão e Aristóteles) uma técnica (*techné*), não tendo essa palavra, no entanto, nenhuma conotação de *trabalho* manual ou artesanal, mas sim de um *saber* humano. Para eles, arte era a matemática, a música e a geometria, como mostra (já no início da Idade Moderna) o matemático Lucca Paccioli, em sua *La divina proportione*, publicada em 1509, ilustrada por Leonardo da Vinci, obra precursora do design. A geometria, por exemplo, era vista como a arte com um conjunto de propriedades e qualidades que justificavam a razão lógica da forma (a obra), daquilo que "percebemos com a visão" (*orao*), étimo esse que, por sua vez, também se encontra na palavra teoria (*theorein*).

Figura 17. Par de brincos gregos de ouro, do século V a.C., em forma de crescente, segura por rosácea esmaltada. Conchas pendem em correntes, e uma sereia está sentada sobre o crescente. Decorados com filigrana e esmalte verde.

Em relação à produção, na fase helenística foi notável o desenvolvimento escultórico. A estatuária foi suporte para os cânones de beleza – punha em evidência a estética da época –, e encontram-se estátuas tanto em edifícios públicos quanto na decoração de habitações particulares. As esculturas, nesse período, caracterizavam-se pelo realismo, pela expressividade acentuada, pela representação das posturas de movimento. Retratavam o indivíduo e não mais o herói ideal, ainda que estivessem ancoradas em profundo conceito do belo, do perfeito, do proporcional. Um exemplo é a famosa *Afrodite* (*Vênus*), de 120 a.C., encontrada em Milo.

A joalheria da época evidencia o domínio da arte da representação de figuras humanas em brincos, colares e pulseiras, provavelmente esculpidos em cera e depois fundidos. Na produção de sinetes e moedas reflete-se a influência da escultura, da cerâmica e da pintura (Figura 18). Nesse período também floresceu a técnica do camafeu, inventada em Alexandria, no delta do Nilo, mais tarde retomada pelos ateliês de Antioquia, na Ásia menor. O camafeu é um trabalho em relevo realizado, nesta época, sobre pedras duras e executado para que se obtenham efeitos coloridos com o aproveitamento dos veios naturais e das diferenças de coloração do material. Com essa técnica foram executados alfinetes, engastes de anéis e mesmo objetos utilitários, como taças e vasos.

Figura 18. Exemplo de sinete cilíndrico, normalmente usado em cordão. Em lápis-lazúli e ouro, com imagem gravada. Encontrado em Ur.

Etrusca

De 750 a.C. a 700 a.C., aproximadamente, tem-se notícia da formação da civilização etrusca na Toscana, a partir da fusão de vários povos itálicos (mediterrâneos e indo-europeus). Graças ao comércio de ferro e às relações com o Mediterrâneo oriental, as cidades da Etrúria alcançaram riqueza e poder. Pouco faltou para que, muito antes dos romanos, os etruscos conseguissem unificar a península Itálica.

Essa civilização atingiu elevado grau técnico e artístico na produção de joias. Os mais antigos achados nas necrópoles da Etrúria remontam ao século VIII a.C. – período conhecido como cultura vilanoviana. Seus produtos característicos são de argila e bronze (urnas cinerárias, broches, frascos e outros recipientes) ou de outros metais, como as armas e as joias. No século seguinte, um grande progresso faz nascer uma arte tipicamente etrusca. Nesse período, denominado de fase orientalizante – do século VII a.C. até meados do século VI a.C. –, as decorações dos objetos e das paredes dos túmulos resumem-se a representações de animais monstruosos e mitológicos (esfinges e delfins), temas que testemunham a influência dos habitantes do mar Egeu, dos fenícios e dos cipriotas, com os quais os etruscos mantinham estreitas relações, graças ao comércio e à navegação. Daí essa fase ter recebido a

Figura 19. Parte superior de um pente do século VII a.C.

Figura 20. Par de braceletes do século VII a.C. confeccionado em chapas de ouro trabalhadas em repuxo.

denominação de "orientalizante" (Figuras 19 e 20). Além dos padrões exóticos, nesse período esse povo também importou artistas estrangeiros.

Os etruscos transformaram-se nos mestres artesãos do mundo antigo. Habilidosos e muito sofisticados, seus trabalhos – finamente cinzelados ou decorados com filigranas (técnica que consiste em utilizar fios bem finos e curvá-los formando desenhos) e granulação (método que consiste na utilização de grânulos pequenos de metal) – são admiráveis (Figura 21). Nessas técnicas, eles atingiram um grau de perfeição nunca mais igualado.

Figura 21. Tipos de diadema usados em testa feminina. Peças confeccionadas em lâminas de ouro e filigrana.

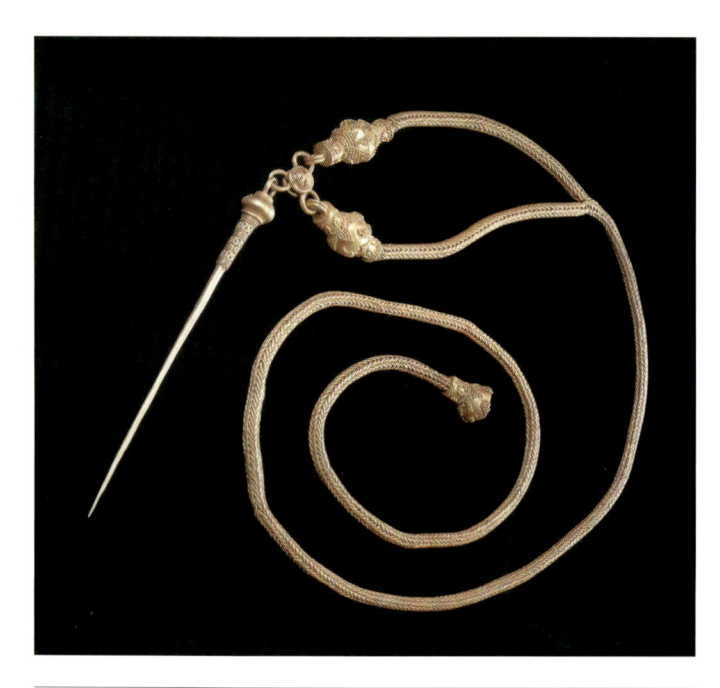

Figura 22. Corrente do tipo malha com finos fios de ouro entrelaçados, imitando espinha de peixe. Século VII a.C.

Figura 23. Fíbula de prata revestida com lâmina de ouro. Século VII a.C.

As joias etruscas têm grandes dimensões: peitorais, anéis de grande peso e braceletes volumosos, feitos de uma única lâmina de ouro, decorada com complexos desenhos geométricos e figurativos. No período orientalizante são raros os colares; os que existem consistem em uma ou mais correntes (Figura 22) com pendentes, ornamentados com desenhos que variam desde figuras de animais e plantas até figuras mitológicas. As fíbulas tiveram uma expressiva produção: de simples broches para mantos, com granulação, aos desenhos complexos e decorados com figuras de leões, cavalos, esfinges e grifos estampados e ornamentados com belíssima granulação (Figura 23).

No século VI a.C., sobre a joalheria etrusca – tanto nos desenhos quanto na confecção – acentuou-se também a influência grega. A técnica da granulação foi suplantada pela da filigrana, por causa da facilidade da execução. Nesse período, o colar ganhou força, tornando-se cada vez mais complexo. O emprego da granulação foi retomado, por volta do século III a.C., com mais disciplina e preciosismo. Nesse século também apareceram as guirlandas: ornamentos de cabeça compostos de festões de folhas de ouro.

Na sociedade etrusca, homens e mulheres sentavam-se à mesa para banquetes alegrados por músicos e acrobatas; era um povo amante da caça, da pesca e de esportes violentos, enfim, eram práticos e positivos, além de rústicos e supersticiosos. É possível ler tudo isso na arte etrusca, como num livro. Percebe-se que foram absorvendo formas de arte alheias (orientais, gregas, etc.), transformando-as à luz da própria individualidade até exprimi-las e comunicá-las perfeitamente, transformando esse aculturamento em manifestações criativas, com alto apuro e caráter próprio.

Romana

Por volta de 250 a.C., a civilização etrusca foi definitivamente incorporada pelos romanos. Entre as civilizações do mundo antigo, a dos romanos foi, sem dúvida, a que deixou maior quantidade de informações, graças a um imenso legado literário, que facilita o conhecimento da sua história com grande riqueza de detalhes. Na arte, o estilo romano foi contaminado pela admiração pela arte grega, da qual os romanos importaram as criações, ou apenas as copiaram, como fundamento estético das suas. No que diz respeito à arquitetura, especialmente, receberam muitas influências dos etruscos, que foram ótimos engenheiros (construíram pontes, cisternas, canais de drenagem e muralhas resistentes em volta das cidades). Apesar de serem descritos como cruéis, sedentos de sangue e de poder, movidos por inextinguível orgulho, há que se reconhecer que a expansão imperialista dos romanos promoveu acelerada difusão de novos conceitos e da forma de viver mais evoluída do mundo ocidental.

Figura 24. Anel do século III a.C., com a chamada cravação inglesa, de granada, safira e esmeralda.

Diversamente dos gregos, que, individualistas, criaram divindades por meio das quais glorificavam e exaltavam as mais desejáveis qualidades humanas, os romanos inauguraram o "culto ao Estado" – Roma –, isto é, o culto a si mesmos como membros conscientes de uma coletividade altamente operante. Disso decorre sua firme convicção de que seu ponto de vista era sempre o justo. Para eles, o conceito de *virtus* era simplesmente sinônimo de total devoção ao Estado. Suas conquistas foram realizadas com esse espírito: o de terem o dever de transmitir às gerações seguintes mais coisas (e em melhores condições) do que as que receberam de seus antepassados.

Quanto à joalheria, pode-se deduzir, a partir do exame dos exemplares ornamentais, que as joias eram de uso comum, talvez em decorrência da mudança dos costumes, pelas influências estrangeiras, e do surgimento de novos-ricos. As provas encontradas do comércio diário da ourivesaria provêm de evidências pictórico-textuais. É provável que a introdução da cunhagem de metais preciosos, por volta de 600 a.C., tenha contribuído para o comércio de joias, popularizando-as entre pessoas com menor poder aquisitivo.

Com as conquistas romanas, Roma tornou-se a capital econômica e financeira do Mediterrâneo. Para lá imigraram artistas de diferentes partes do Império, oferecendo suas habilidades aos novos-ricos. Nessa época, eram populares as pedras coloridas, especialmente esmeraldas, pérolas e safiras (Figura 24). Caso faltassem, eram substituídas por vidro, independentemente de seu valor venal.

Os trabalhos em ouro, bem complexos, eram particularmente apreciados, especialmente o *openwork*, um perfurado que resulta em desenhos com treliças, arabescos, etc. (Figura 25). Inicia-se o uso de joias com moedas de ouro – fixadas em anéis (Figura 26) ou como pingentes. Prevalece o caráter repetitivo das séries, substituindo a criação artística.

Figura 25. Anel em ouro, fabricado com uma técnica romana de cinzel, do século III a.C., que forma uma espécie de treliça de metal.

A parte mais significativa da joalheria romana origina-se das escavações das cidades enterradas pelo Vesúvio no ano 79, destacando-se os ornatos encontrados em Pompeia. É digno de nota que a maioria das joias do período romano também seja encontrada em outras cidades do Império, na Ásia Menor ou mesmo no restante da Europa, onde se estabeleceram oficinas de produção de joias em estilo romano, influenciando a produção local.

Em três séculos, contudo, esse grande império civilizado passou da grandeza à decadência. Excessivamente extenso, suas tradições foram solapadas pelo grande número de províncias e pelos novos "romanos", que introduziram suas religiões e

Figura 26. Anel em ouro, do século II a.C., com uma moeda cunhada com a face de Faustina.

55

tradições. O poder do exército se contrapôs à autoridade governamental, mas foi demasiado fraco para conter a invasão dos bárbaros. Essas, entre outras, foram as causas da decadência do Império Romano: o fim de sua hegemonia, mas não o fim da sua civilização (em grande parte absorvida dos gregos).

O imperador Constantino, que reinou de 306 a 327, com grande senso político, apoiou o cristianismo, garantindo a permanência de valores romanos na cristandade. Para proteger-se da invasão dos bárbaros, transferiu a capital do Império para Bizâncio, aproximando-se assim do Oriente. Nesse período, Bizâncio e a Igreja passaram a manter e a garantir o que romanos e helenos (gregos) haviam criado anteriormente – desde a organização da classe dirigente, passando pelas leis, até a língua e a arte –, mas acrescido das concepções do cristianismo. No que se relaciona à arte, isso dá origem às primeiras manifestações de arte de cunho cristão.

No período do governo de Constantino, por iniciativa do próprio imperador, há um direcionamento da joalheria para os temas religiosos. Esse aspecto persistiu por toda a Idade Média. Há vários registros de coleções de joias cujos elementos decorativos tinham como tema catedrais e símbolos religiosos. Nesses primeiros séculos do predomínio da religião cristã, um estilo romano mais severo começou a aparecer

Figura 27. Encadernação com esmalte *cloisoné* e pérolas. Bizâncio, século IX.

nas joias, por causa da condenação dos cristãos à ostentação das joias bizantinas, ricas e exuberantes. Terminara a precisão minuciosa do trabalho em ouro, herdada dos etruscos, e surgiram formas mais fortes e mais completas, agora com o uso de pérolas, esmeraldas, diamantes e esmaltes (Figura 27).

Com a expansão do cristianismo promovida por Roma, em princípios do século VI, adotou-se a iconografia cristã, incorporando-a, na arte, aos estilos romanos e helenísticos acrescidos de influências orientais e outras, isto é, mantiveram-se antigas tradições e simbologias, incluindo novo repertório de motivos e ressignificações. Um exemplo dessa adoção foram os anéis bizantinos com motivos de flores de lótus, símbolo da Virgem Maria e do nascimento de Cristo, provenientes do antigo símbolo egípcio do lótus – representação do local de nascimento de Hórus, o jovem deus do Sol –, mas cuja simbologia tem origem oriental, mais antiga, das divindades do panteão indiano.

Celta e germânica

Há quem diga que, com as invasões dos "bárbaros" e a queda do Império Romano, a Europa tenha mergulhado em uma época sombria. Hoje, porém, os historiadores relatam esse período inicial da Idade Média como uma época de elitização da informação, em que a Igreja, para manter seu poder, utilizou-se do controle do conhecimento.

Na joalheria, as peças produzidas por saxões, ostrogodos e *vikings*, por exemplo, estão em pé de igualdade, quanto à técnica e quanto à criação, a quaisquer outras produções de culturas e épocas anteriores e, mesmo, posteriores. Tanto no mundo antigo quanto na Idade Média, a joalheria se manteve, construindo e adaptando técnicas, conceitos ou criações dos joalheiros anteriores, numa lógica

Figura 28. Peça do século VII a.C., incrustada de ouro e prata, e decorada com esmalte. Encontrada em escavação em Sutton Hoo, Inglaterra, em 1939.

antifigurativa, geométrica e abstrata, em permanente evolução, tendência que posteriormente se atenuou, com a aceitação dos símbolos iconográficos cristãos.

No período pré-cristão e, inclusive, em uma época anterior ao avanço da civilização romana, a ourivesaria das culturas ditas "bárbaras" (leia-se: não romanas) se expandira e adquirira notável importância, principalmente entre os celtas. Eram valorizados os motivos abstratos, com a utilização da técnica da granulação, reticulação e gravação, com repuxados em arcos e semicírculos, com alvéolos encavados e encastoados de pedras, produzindo efeito policromático.

A ourivesaria visigoda, na França e na Espanha, caracterizou-se pelo uso de motivos simétricos, em relevo, alternando motivos abstratos e figurativos. Foi rústica nas cravações das pedras, insistente nos frisos naturalísticos e de uso frequente nos arreios dos cavalos ou no traje dos cavaleiros (Figura 28).

Durante os anos de decadência do Império Romano, as tribos germânicas que penetraram na Europa procedentes do leste introduziram o estilo animalista, de tradição antiga e muito difundido nos objetos dos povos nômades. Amostras desse estilo têm sido encontradas em peças de bronze (Irã) e em peças de ouro (Rússia). A combinação de formas abstratas e figurativas – e a liberdade imaginativa – tornou-se importante característica dessa arte celta-germânica medieval.

Como recurso ornamental, as faixas entrelaçadas já existiam na arte mesopotâmica e foram vistas na arte romana, mas sua combinação com o estilo animalista parece ter sido invenção da Idade Média. Os trabalhos em metal, diversificando técnicas e habilidades extraordinariamente requintadas, compõem o principal trunfo do estilo animalista. Independentemente de serem consideradas "bárbaras", essas civilizações produziram belos trabalhos em metal.

Figura 29. Broche Towneley, aproximadamente do século X, em ouro, filigrana, pérolas e esmalte translúcido. Considerado de qualidade alemã, com influência bizantina, provavelmente é uma cópia executada no norte da Itália.

Figura 30. Dois pendentes em forma de máscaras feitos em prata (1000 a 800 a.C.). Embora os fenícios não fizessem granulação em prata, esses objetos parecem ter a sua influência na técnica empregada.

Outro incrível legado medieval provém da cultura carolíngia. Dela, além de manuscritos, herdamos desenhos de joias que imitavam as do Império Bizantino. Vista em peças como brincos, colares e pulseiras – e túnicas bordadas com pérolas e pedras, usadas por personalidades dos impérios Carolíngio e Otomano –, essa tendência durou até o ano 1200, aproximadamente. Essas joias majestosas do início da Idade Média tinham o efeito de esplendor produzido pela combinação de formas complexas na decoração de superfícies, para a qual era utilizada especialmente a técnica da filigrana, complementada, às vezes, com pedras pequenas (Figuras 29, 30 e 31).

O tipo mais antigo de filigrana consistia em soldar fios muito finos – em formas, espiraladas ou não – apoiados em seu contorno por chapas de metal. Essa técnica, muito popular nos períodos carolíngio (768 a 900) e românico (1000 a 1299), foi muito utilizada na confecção de joias e, em menor grau, nas capas de livros e em relicários e outros artigos eclesiásticos, que frequentemente incorporavam camafeus, pedras preciosas, esmalte, marfim, etc.

Figura 31. O pendente é um prato de ouro, cujo centro mostra uma cabeça humana estilizada e um cavalo.
Essa joia foi produzida pelos *vikings* com características da Idade Média.

TRANSFORMAÇÕES DA JOALHERIA EUROPEIA: OS ESTILOS GÓTICO, RENASCENTISTA E BARROCO

O gótico

Ao olharmos para a joalheria europeia no início da Idade Média, vemos que eram quatro as pedras preciosas, já clássicas, mais utilizadas no período – safira, rubi, esmeralda e diamante – e que, juntamente com as turquesas e os topázios, são a principal marca da influência bizantina nas joias europeias. Por volta do século XIII, tal influência já estava diluída. Era menor a gama de pedras utilizadas. Podemos perceber que, em torno de 1200, a decoração das joias restringia-se a essas pedras clássicas e a pérolas que, com sua opalescência leitosa, ressaltavam os contrastes coloridos (Figura 32).

Outra grande transformação foi a lapidação de facetas nas pedras. O método mais antigo de trabalhar as gemas era esculpir figuras, signos ou letras.

Figura 32. A origem deste broche, como a de muitas joias, é um mistério; talvez seja alemão ou francês.

E as pedras opacas (ou, em menor grau, as translúcidas) recebiam polimento – plano ou na forma de cabochão – com areia dura. Foi a partir daí, esculpindo e polindo, que se desenvolveu a técnica da lapidação. Os primeiros registros dessa técnica foram encontrados na Índia (Figura 33). Na Europa, por volta de 1400, com a finalidade de aumentar seu brilho, apenas as faces naturais do cristal ou os planos de clivagem das pedras translúcidas eram polidos.

A lapidação das facetas foi o ponto alto do trabalho da lapidação de pedras na Idade Média. Já no século IX, em Veneza, há registros de diamantes facetados, embora, segundo outras pesquisas, a lapidação em facetas só tenha aparecido no século XV e, por longo tempo, tenha permanecido em rigoroso segredo.

Outra mudança marcante, ainda neste período, foi o aparecimento, no século XIV, dos joalheiros especializados. Até então, as joias eram confeccionadas por ourives. Antes dessa época (1400), as pedras podiam ser tingidas ou laminadas, e fixas em virolas (*collets*) ou montadas em garras *ajour*, ou seja, vazadas. Usavam-se esses recursos com o intuito de "melhorar" a cor, estratégia que, se desonesta, desvirtuava o valor da joia. A partir do século XIII, surgiram várias leis reguladoras do trabalho em ourivesaria e

Figura 33. Colar indiano, de estilo mongol, exemplificando a utilização de pedras naturais, translúcidas, polidas em forma de cabochão.

joalheria, para evitar tais práticas de falsificação ou alteração das características das pedras.

Esses regulamentos medievais preocupavam-se muito mais com as pedras em si do que com a prata e o ouro usados em joias, apesar de seriamente interessados na pureza e na autenticidade dos metais. Assim, proibiu-se usar ouro para fixar pedras menos duras, como a ametista ou a granada; ou, caso inverso, fixar pedras preciosas genuínas na prata ou em metal menos nobre. As joias remanescentes e os documentos da época nos indicam que, durante o Medievo, foram praticadas fraudes e trapaças, sendo necessário – para compradores (antigos e atuais) de joias e pedras preciosas *genuínas* do período – manter-se alerta. Ocorreram muitos enganos, uma vez que a gemologia não era, ainda, uma ciência.

Também ocorreram mudanças nos centros de fabricação de joias e nas técnicas decorativas. Paris, Veneza e Colônia tornaram-se as principais cidades produtoras de joias. Mas Paris desfrutou a supremacia da moda no período de 1200 a 1400 (aproximadamente), tendo reaparecido, nessa posição, nos séculos XVIII e XIX. A principal técnica decorativa utilizada era a esmaltação e suas variações: esmalte *cloisonné* (alveolado), de Bizâncio; esmalte *champlevé* (entalhado, vazado); esmalte translúcido (esmalte em baixo-relevo), introduzido por volta de 1290; e *émail en ronde bosse* (esmalte em alto-relevo), introduzido por volta de 1360.

Acompanhando os tempos, no século XIII, também o estilo e os tipos de joias mudaram. Exceção feita à Itália, onde a influência bizantina se prolongou, e à Espanha, que sofreu influência moura, o estilo verticalizado das igrejas góticas influenciou as criações que, em torno dos anos 1440-1450, se tornaram mais "espiritualizadas", especialmente em Paris, mas alcançando de maneira crescente os demais lugares da Europa (Figura 34). As formas mais angulares e leves substituíram as pesadas joias antigas. Brincos e pulseiras, de maneira geral, desapareceram.

Ornamentando as cabeças de homens e mulheres nobres, surgiram coroas com florões, e os burgueses ricos – homens e mulheres – adotaram o uso de grinaldas, mais leves e menos solenes. As mulheres – nobres e burguesas ricas – mantinham os cabelos presos ou enrolados em tranças, geralmente enfeitadas com joias. Usavam também broches, que variavam de tamanho e complexidade, desde os muito simples e pequenos até os elaborados e grandes, resultado do agrupamento de vários elementos ao redor de um camafeu.

Os antigos e pesados colares foram substituídos por cordões e correntes com pendentes, usados expostos ou mesmo escondidos pelo vestido. Esses pingentes serviam como proteção ou amuleto, "transmitindo" suas virtudes ao usuário, e tinham forma de símbolos sagrados, como a cruz (Figura 35), ou eram relicários (usados também sob forma de pulseiras ou anéis), recipientes para relíquias consideradas sagradas ou simples pedras virtuosas, pois, na época, foram creditadas forças especiais de proteção ou poder a todas as pedras – preciosas ou não. Os clérigos e as freiras, por exemplo, usavam a safira para encorajar a castidade e afastar a luxúria; já os príncipes empregavam o rubi, por ser uma pedra de um púrpura ou vermelho intensos, como o de um fogo grandioso, cores associadas ao poder e à força.

Figura 34. Pendente-relicário, confeccionado em prata dourada, esmeraldas, rubis, safiras e cristais. Boêmia, *c.* 1350-1370.

Figura 35. Exemplar de relicário bizantino do século X.

Nesses tempos, havia convicção na força protetora de fórmulas e letras "mágicas", como demonstram as inscrições de letras embaralhadas encontradas em broches. Seus significados eram sempre secretos, ligados ao oculto ou ao sagrado, como "abracadabra", frases do Evangelho ou invocações à Virgem Maria, aos três Reis Magos e aos Santos.

O renascentista

A chamada Idade Média tem seu fim marcado por intensas transformações no mundo conhecido de então, entre elas, a queda de Constantinopla e a conquista do sudeste da Europa pelos turcos; as viagens de navegação, que levaram à fundação dos impérios ultramarinos; a rivalidade entre Espanha e Inglaterra; e a crise espiritual marcada pela Reforma e pela Contrarreforma. Essas mesmas transformações prepararam, também, um momento histórico de mudança no continente europeu, quando novos valores, gradualmente, impuseram-se em variados segmentos. O novo tempo, que mais tarde recebe o nome de Renascimento, teve início quando as pessoas perceberam que a Idade Média acabara, o mundo se expandira, acabara-se um período de isolamento e estavam surgindo novas ideias e formas de expressão, marcadas pela revalorização do humano (não mais a valorização do "divino"), nos moldes da cultura clássica, principalmente a grega.

O que leva os artistas e os humanistas do período a retornar aos clássicos é o desejo de rejeitar a "vassalagem" do homem da Idade Média e trazer à nova era o renascimento do Homem Moderno e não um retorno puro e simples à Antiguidade. Aspecto que é, sem dúvida, um grande paradoxo.

Em arte, um dos objetivos do Renascimento foi produzir obras que se igualassem em beleza às da Antiguidade – e, se possível, que as superassem –, sem, contudo, reproduzi-las com exatidão. Os arquitetos continuaram a construir igrejas, mas, ao fazê-lo, usavam um repertório arquitetônico baseado em estudos das estruturas clássicas dos templos pagãos.

Com relação à joalheria, os artistas mais destacados do período, como Albrecht Dürer, Hans Holbein e Giulio Romano, foram patrocinados por príncipes para produzir peças com desenhos que estimulassem os ourives a aperfeiçoar a esmaltação e a fundição. Novos motivos derivaram da união entre a arte clássica e os temas religiosos ou sentimentais da Idade Média, mas reinterpretados, demonstrando grande interesse cultural pela mitologia, pela história clássica e por cenas bíblicas. No Renascimento, com a contribuição desses artistas, a arte joalheira alçou-se a um nível artístico em pé de igualdade com o das belas artes, na renovação de motivos e técnicas, o que se deve principalmente ao mecenato.

No século XVI, a vanguarda proveniente da Itália transformou o estilo do século anterior, elegante e conservador, num estilo exuberante e escultural, associado a nomes como o ourives e escultor Benvenuto Cellini (1502-1572), entre outros. Ao começar sua carreira, Cellini levou de volta a Roma a moda das insígnias em chapéus, influência dos peregrinos da Idade Média e de suas fardas, que incluíam

Figura 36. Pendente, com os símbolos da Paixão de Cristo e as iniciais IHS, em ouro e esmalte.

chapéus de abas voltadas para cima. As insígnias, modeladas em ouro e realçadas com diamantes e pedras preciosas coloridas, representaram uma evolução no estilo da joalheria.

No final do século XVI, as preferidas na Europa eram as joias em que as pedras coradas apareciam como elemento principal. Um coração de rubi com as iniciais DM foi encontrado no túmulo do conde Otto Heinrich de Neuberg (1556-1604), em Lavinggen, nas margens do rio Danúbio. As mensagens cifradas, embora já conhecidas, foram bastante utilizadas, por exemplo, na forma inovadora de coração, como mostram pesquisas sobre as joias desenhadas por Holbein. Em muitos de seus colares ou braceletes havia mensagens ou iniciais, inscritas em ouro ou em pedras, por vezes utilizando o latim.

As joias monografadas de maior prestígio eram as de caráter religioso, por exemplo, com as iniciais IHS (*Iesus Homo Sanctus*) – abreviatura latina do nome de Cristo – inscritas com diamantes, como na joia da Figura 36, que, em sua parte posterior, é decorada com os instrumentos da paixão de Cristo e a coroa de espinhos. Já os broches demonstravam a diversidade da cultura renascentista, ilustrando episódios da literatura e mitologia clássicas, como as histórias de Diana e Actaeon, de Leda e o Cisne, de Apolo e

Daphne e de Cupido flechando os corações humanos (Figura 37).

Hans Holbein, artista já citado, foi um típico renascentista. Nasceu em Augsburg, ao sul da Alemanha, cidade bastante aberta às ideias do Renascimento. Tornou-se o principal pintor de Basileia, na Suíça, mas por causa do clima hostil às imagens – provocado pelas ideias religiosas da Reforma –, que se tornaram alvo de destruição de multidões fanáticas, Holbein saiu da Suíça, indo parar na França, oferecendo seus serviços a Francisco I. Antes disso, porém, foi para a Inglaterra, estabeleceu-se em Londres, em 1532, como retratista da corte, e, além dos retratos, também se dedicou à joalheria, como mostram o desenho para o monograma de Henrique VIII e seu desenho para pendente em diamante e pérola (Figuras 38 e 39).

Figura 37. Pendente de inspiração mitológica, com figura de Diana, a caçadora, em ouro, esmalte e gemas. Alemão, aproximadamente 1600.

Figura 38. Desenho de Holbein, em caneta e aquarela, para pendente com o monograma HI (supostamente Henrique VIII e Jane Seymour), com uma esmeralda no centro e três pérolas em pingente.

Figura 39. Desenho de Holbein. Pendente em forma de losango, com diamantes e pérolas.

Figura 40. Pendente com figura de tritão (corpo em pérola barroca), em ouro, esmalte, diamantes, rubis e pérolas (Itália). Século XVI.

Além das já citadas inscrições, também as pérolas provocaram mudanças consideráveis na joalheria, principalmente as formas distorcidas e assimétricas das pérolas ditas "barrocas", que foram transformadas pelos artistas em sereias e tritões, guerreiros com armaduras ou leões (Figura 40).

Podemos afirmar que, além da difícil arte cortesã de gravar, o Renascimento do mundo clássico trouxe, para o universo imaginário dos ourives, temas com ninfas, divindades, sátiros e heróis. Nesse período, nobres e burgueses investiam em novidades, como adornos de cabelos, chapéus, flâmulas, escudos, todos confeccionados com muito ouro e pedras preciosas, e puseram-se a colecionar esses objetos como sinal de riqueza. Muitos deles investiram fortunas em coleções compostas de peças decoradas com personalidades romanas, imperadores, heróis ou figuras bíblicas, incrementando a produção não só da joalheria mas também das artes decorativas, com essa "febre" colecionista e o aumento do número de adquirentes de objetos de arte.

Além do incremento da produção, o século XVI também conheceu notável evolução técnico-estética das joias, pelo menos em dois aspectos: o talhe das pedras preciosas assumiu posição de destaque em relação ao trabalho no metal; e, além disso, surgiram novos assuntos de interesse: a botânica e a floricultura – provocados pelo "exotismo" das "novas" espécies trazidas, pela ampliação do mundo, aos olhos europeus.

No final de 1500, o parisiense Jean Robin dedicou-se à criação de estufas para o cultivo de flores exóticas e tornou-se um grande fornecedor de modelos "preciosos" aos desenhistas de adornos e joias. Essas estufas foram adquiridas por Henrique IV, tornando-se o *Jardin du Roi* e, posteriormente, o Horto Botânico.

O barroco

O termo *barroco* – cujo significado original é "irregular, contorcido" – é usado para designar o estilo do período que vai de 1600 a 1750. O estilo barroco representou o espírito da Contrarreforma, movimento dinâmico de autorrenovação da Igreja Católica.

Também se diz que o barroco foi o estilo do absolutismo, dos estados centralizados, governados por um autocrata com poderes ilimitados.

Humanistas (e, até certo ponto, cientistas) como os do período anterior – o Renascimento –, os artistas do barroco se distinguiram dos seus antecessores porque, nessa fase, o pensamento científico e filosófico ampliou-se (ficou mais complexo, abstrato e sistemático) e, em seu âmbito, incluiu as artes, suas técnicas e reflexões, passando a fazer parte, também, do domínio do artista.

Pode-se dizer, então, que a arte barroca foi o resultado de um conjunto de fatores religiosos, políticos e culturais – catolicismo mais forte, contrário aos ideais humanistas do Renascimento (que teriam provocado a Reforma); Estado absolutista; e um novo papel da ciência –, tornando esse período da história da arte, que abrange os séculos XVII e XVIII, bem diverso de tudo o que houve anteriormente.

Figura 41. Este pendente tem, por trás, um coração vermelho lapidado, perfurado por setas em esmalte.

No século XVII, a joalheria deixou de caminhar conforme as belas artes (as artes plásticas: pintura, gravura, escultura, arquitetura, etc.). A preocupação em mostrar as pedras e aprimorar as técnicas sobrepujou a expressão dos conceitos intelectuais, de *status* ou os de expressão política ou crenças religiosas. Nessa época, Paris, sob o reinado de Henrique IV e Maria de Médici, foi reconhecida como o centro do bom gosto e da moda. Essa ascensão foi confirmada com o esplendor de Versalhes, no reinado de Luís XIV, seu neto, que se preocupou em inovar a moda e o design em geral.

Tal desenvolvimento foi possível por causa do aumento do fornecimento de pedras preciosas no século XVII, especialmente após 1660, quando a Companhia das Índias deu aos joalheiros portugueses permissão para comercializá-las. Ao mesmo tempo, as descobertas das leis da refração e dos princípios da geometria analítica estimularam o progresso da lapidação e do polimento (Figura 41).

O corte em forma de rosa com múltiplas faces foi conseguido no começo do século XVII e, em 1660, a lapidação da pedra favoreceu a ampliação da refração da luz de maneira inusitada. Algumas pedras coloridas, muito preciosas (como a esmeralda, a safira e o rubi), ou nem tanto (como a ametista, o topázio e o coral), eram combinadas com diamantes, ou substituídas por pérolas e pedras falsas, cristais facetados que imitavam o diamante, etc.

Na metade do século XVII, a evolução técnico-estética das joias ressaltou dois elementos: primeiro, o aperfeiçoamento no talhe das pedras e o seu lugar de destaque na joia. Depois, além de se firmar a influência do então recente interesse pela botânica, pela floricultura (Figura 42), foi a vez dos pequenos animais coloridos e brilhantes. Inspirados, os joalheiros inventaram muitas novidades e, além de fazer joias no formato de flores, passaram a incluir insetos; e circundaram os chapéus dos homens com faixas de pedras preciosas, ou fileiras de ouro e cordões de pérolas.

Outra característica desse século foi o uso de brincos de ouro e pedras preciosas com desenhos de candelabros e, também, a grande variedade de objetos preciosos. A vaidade impôs adornos com muita pedraria: chapéus, luvas, broches, pingentes, brincos e camafeus.

Em relação à vasta produção de joias do período, restam-nos poucas peças barrocas originais. Seu alto valor comercial fez com que, frequentemente, fossem desmontadas para reutilização das pedras em criações progressivamente mais adaptadas à moda. Nos poucos exemplares intactos, nota-se a constante presença dos diamantes (Figura 43), já bastante difundidos anteriormente, no período renascentista, porque, graças ao comércio das gemas provenientes das minas das Américas espanhola e portuguesa, tinham grande afluência ao mercado das pedras.

Figura 42. Broche com inspiração floral, em ouro, diamantes e esmalte. Final do século XVIII (Espanha).

Figura 43. Bracelete de 1820, em ouro, prata, diamantes e esmeraldas.

O INÍCIO DA JOALHERIA BRASILEIRA E O CONTEXTO EUROPEU DE EXPANSÃO DA JOIA

Brasil

Antecedentes

No Renascimento, o descobrimento da América, as explorações e a colonização enriqueceram cultural e materialmente o mundo. Para a Europa, o Novo Mundo significou não só a expansão das fronteiras geográficas, mas também o aumento das riquezas materiais e do universo cultural. Já do ponto de vista das Américas, esse contato, ao mesmo tempo, significou uma espécie de "salto" temporal para as culturas ameríndias – ou dois tempos completamente diversos "convivendo" num mesmo espaço –, o que provocou uma catástrofe civilizatória, pela imposição da cultura das metrópoles com que o colonialismo aqui se consolidou e pelas doenças, ditas "civilizadas", que os colonizadores trouxeram.

Ao tomar posse das terras brasileiras em nome da Coroa portuguesa, Cabral o fez por interesses mercantis; e os primeiros portugueses o fizeram de modo predatório, com suas feitorias (Figura 44). Ainda que a historiografia tradicional enfatize a facilidade da conquista portuguesa, há que se registrar que a resistência foi pontual, mas alguma houve. Aqui os portugueses encontraram povos autóctones, de várias etnias, cuja sociedade tinha organização tribal e seu tempo era o dos caçadores, coletores e agricultores nômades, conhecedores dos ciclos da natureza. E os portugueses tiraram proveito dessa diversidade e de seu conflito com a tecnologia e a sociedade altamente organizada da Europa.

Os números variam bastante, dependendo da fonte consultada, mas, na época do Descobrimento, estima-se que no Brasil havia de 2 milhões a 20 milhões de indígenas de diferentes etnias, que falavam de 350 a 500 línguas diferentes ou aparentadas, com clara influência do tupi (para quem "os outros" eram tapuia).

Tupi, guarani, bororo, xavante, apinajé, asurini do trocará, canela, carajá, caxinauá, palicur, parintintim, ianomâmi e muitos outros: nomes sonoros que marcaram nosso vocabulário, nossa geografia, nossas fábulas, lendas e mitos, nossa gente. Todas essas nações eram politeístas; e seus deuses e heróis eram forças da natureza e a defendiam, como a Lua (Jaci), o Sol (Guaraci), a Terra (Nandecy), a serpente das águas (Boiuna), pássaros (Uirapuru), a caça (Anhangá), a floresta (Caipora), e muitos outros.

As culturas indígenas mostram-se identificáveis nos vários objetos encontrados, nas tradições e nos adornos, usados em rituais e cerimônias (alguns preservados até nossos dias), demonstrando grande sensibilidade, particularmente no uso das cores. Como exemplo, podemos citar a cerimônia de casamento na tribo caribe, na região do rio Xingu, quando o índio deve presentear o sogro com o colar chamado Urapei (Figura 45). Para os indígenas, essa joia é valiosíssima e

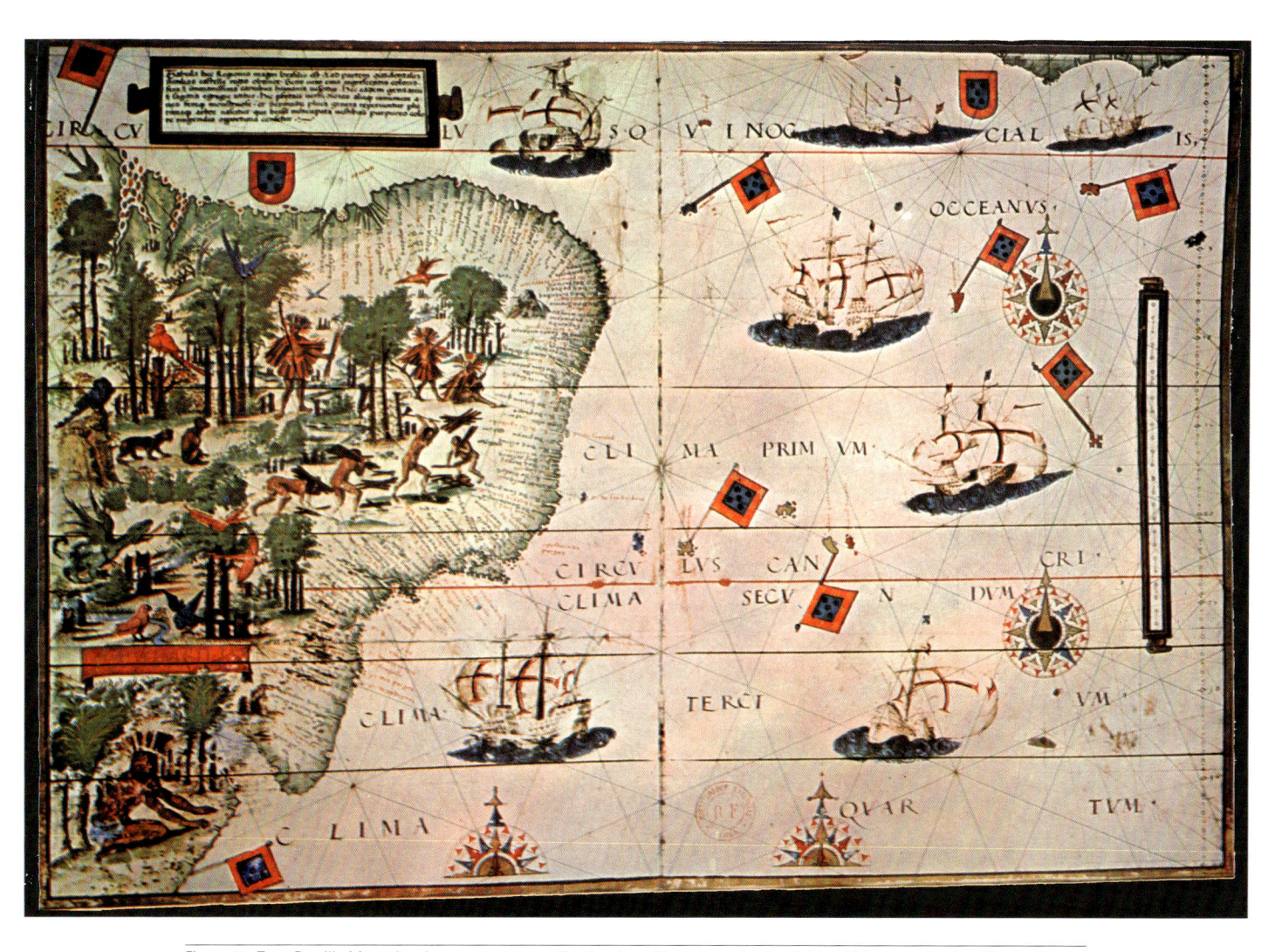

Figura 44. *Terra Brasilis*. Mapa de origem portuguesa, atribuído a Lopo Homem, cartógrafo oficial do Reino nas primeiras décadas do século XVI. Desenhado sobre pergaminho, com nomenclatura detalhada: 146 nomes em latim, indicando a costa brasileira, do Maranhão à embocadura do rio da Prata. Mostra ilustrações de habitantes indígenas, alguns extraindo o pau-brasil.

Figura 45. Colar tradicional de cerimônia de casamento. Presente do noivo para o sogro.

muito trabalhosa. Dezenas de caramujos são recolhidos e, dentre eles, são escolhidos os mais brancos e finos. Depois, cuidadosamente, são retiradas lascas com menos de um centímetro de largura por dois de comprimento. As lascas são esfregadas nas pedras dos leitos de rios até atingirem o formato ideal; depois são justapostas em semicírculo, formando o colar. Há peças que incluem, também, dentes de piranhas.

A maior parte dos adornos produzidos e utilizados pelos índios brasileiros é cercada de simbolismo. Os atuais descendentes dos índios caipora contam a seguinte lenda: Maíra, índia civilizada, passeava entre os homens, distraída, na quietude perfeita do mundo. Colheu flores, banhou-se nos riachos, apanhou passarinhos e, achando bonitas suas penas, com elas fez um diadema para sua cabeça; com plumas cobriu o corpo, tornando-se ainda mais bela. Heroína e divindade em meio aos autóctones, ao se enfeitar de penas, sugere que os pássaros seriam dignos de respeito e suas penas seriam os mais lindos adornos (Figuras 46 e 47).

Uma pulseira de penas, para os indígenas, tem tanto valor quanto uma pulseira de diamantes na cultura europeia, e esse valor é proporcional à raridade do pássaro.

Figura 46. Diadema vertical rotiforme utilizada por índios bororós orientais.

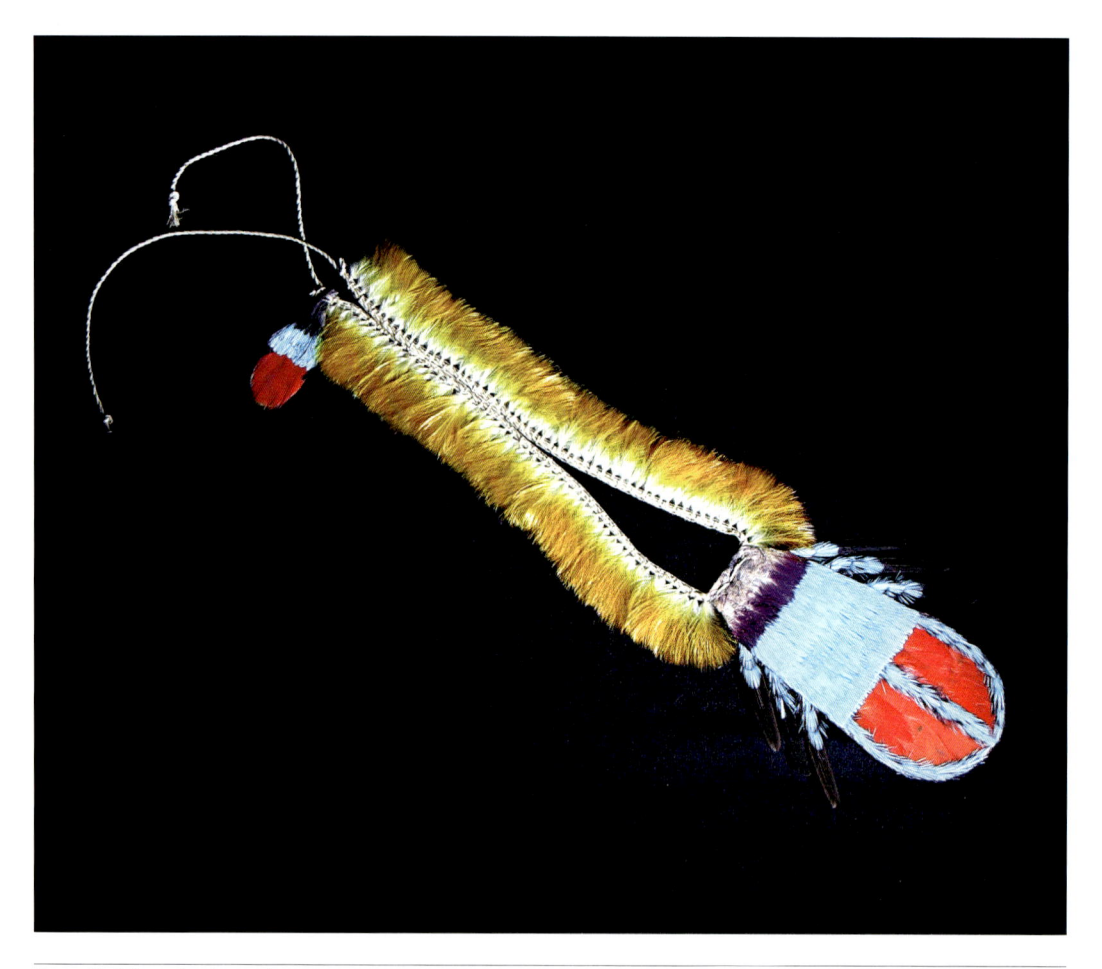

Figura 47. Colar urubus (caapor).

A arte plumária expõe uma das manifestações artísticas mais expressivas e características do indígena brasileiro, por ser feita de matéria-prima de incomparável beleza, com perfeito domínio técnico na execução e no desenvolvido senso estético. Esses adornos servem de insígnia aos líderes religiosos, simbolizam o poder dos chefes e a glória dos grandes heróis. Satisfazem a vaidade e demonstram a variedade de pássaros multicoloridos das matas brasileiras.

Frequentemente usados em cerimoniais, os adornos plumários são muito diversos entre as tribos. Essa variação existe em função dos diferentes materiais disponíveis em cada região e do senso estético do grupo; também servem como enfeite para o corpo; e aplicam-se penas a outras superfícies, como armas, instrumentos musicais e máscaras. As penas, além de seus atributos decorativos, são suporte de códigos que transmitem mensagens sobre sexo, idade, filiação clânica, posição social, importância cerimonial, lugar político e grau de prestígio de seus portadores e seguidores. Os artífices dos adornos plumários são, predominantemente, homens.

Além da arte plumária, os povos indígenas desenvolveram a pintura corporal, arte que, desde o primeiro século da história do Brasil, sempre impressionou os estrangeiros. Mas nem sempre os estudiosos valorizaram a expressiva carga simbólica – representativa da vida social, religiosa e de suas maneiras de conhecer o mundo – a que a pintura corporal serve de suporte.

Se compararmos a arte europeia e a arte indígena, veremos que, se na Europa começava o interesse pela botânica e pela floricultura, manifesto na joalheria, os índios brasileiros sempre as tiveram como inspiração. Quanto à simbologia e utilidade de algumas peças, podemos dizer que as coroas de ouro e as de penas (os cocares) têm significado semelhante em ambas as culturas. Apesar disso, foi grande a desilusão dos portugueses quando aqui chegaram, em 1500, e encontraram

Figura 48. Par de brincos carajá.

homens e mulheres adornados com penas, pedaços de ossos, dentes, pedras, conchas e desenhos corporais, pois nada disso indicava o conhecimento de jazidas de metais preciosos (Figura 48).

A joalheria colonial: o ouro e o trabalho do ourives

Foi na região de Minas Gerais, centro da riqueza aurífera, que a criação artística na colônia obteve impulso a partir de inícios do século XVII. Também em outras regiões da colônia, sempre em locais de concentração de renda, surgiram manifestações artísticas com matizes locais, ainda que todas elas ligadas ao barroco.

Com relação às joias, as que até então existiam no Brasil eram, em sua grande maioria, importadas de Portugal e vinham com seus usuários. Com o tempo, oficiais e mestres provenientes de diferentes culturas passaram a desenvolver e a executar peças com materiais encontrados aqui, o que trouxe maior diferenciação às joias brasileiras em relação aos trabalhos executados em Portugal. Os motivos ingênuos e, ao mesmo tempo, o arrojo nas proporções e no tratamento decorativo favoreceram a simplicidade, o que conferiu a essas peças plasticidade e rigor artístico.

A joalheria colonial se destinava a enfeitar as famílias dos abastados senhores de engenho ou dos burgueses enriquecidos. Entre as joias de família, têm destaque aquelas que se destinavam especialmente a serem ostentadas pela escravaria (Figura 49), que as desfilava nas festas. Além dessa utilidade, também havia produção de joias para adornar as imagens dos santos nas procissões religiosas.

Apenas no final do século XVI a produção aurífera brasileira atinge alguma importância, e o rendimento das minas justifica a instalação, em 1619, de uma Casa de Fundição, em São Vicente e em São Paulo.

Figura 49. Pulseiras e braceletes em ouro 14 k. Joias usadas por escravas baianas. Técnicas empregadas: cinzelagem, estamparia e filigrana. A exuberância floral complementa os medalhões, que copiam camafeus. Século XIX.

Quase setenta anos antes, em 1550, o regimento dos ourives da cidade de Lisboa já havia criado um sistema de exames, tanto de portugueses quanto de estrangeiros, com peças obrigatórias, exigência de marcação dessas mesmas peças e fiscalização sobre os prateiros.

É mais ou menos nessa época que se tem notícia do primeiro achado de ouro na Colônia. Em 1559, Clemente Álvares e Afonso Sardinha, juntamente com seu filho, realizaram a primeira extração. A notícia da existência de ouro atraiu ataques piratas, entre eles os ingleses Fenton (1583) e Cavendish (1590). Alguns anos depois desse achado, a Coroa portuguesa lança em São Paulo a cobrança do quinto do ouro, imposto que, mais tarde, vai ser o motivo da Inconfidência Mineira.

As regras para a exploração dos metais foram fixadas, na época da União Ibérica, o primeiro maior império dos tempos modernos (ou mesmo antigos), quando Espanha e Portugal, com todas as suas possessões e colônias, estiveram "unificados" sob a Coroa dos "filipes" de Espanha (Filipe I e II) e Portugal (Filipe II).

Esse regimento, que regulamentaria todas as leis para exploração, permitia a qualquer pessoa descobrir e explorar minas (de ouro e de prata) à sua custa, desde que devidamente registradas e marcadas, e que pagasse o quinto ao Erário da Metrópole, e, ainda, que o produto fosse fundido em barras marcadas com as armas do Reino. Nenhuma pessoa poderia vender ou comprar, doar ou embarcar ouro para qualquer parte do território (ou fora dele) se as barras não tivessem as marcas oficiais como prova de pagamento do imposto, sob pena de perder suas posses e ser condenada à morte. Porém, o documento ficou engavetado na Espanha por quase cinquenta anos e só entrou em vigor, em São Paulo e no Rio de Janeiro, em 1652.

O caso de São Paulo é emblemático na história da joalheria brasileira, por ser uma vila que, durante os séculos XVI ao XVIII (e até o final do XIX), não teve destaque. Quanto a artífices em São Paulo, encontra-se menção à presença de Miguel Vaz Lobo, um ourives cristão, em 1598. Porém, seus habitantes, filhos de portugueses e espanhóis, tinham particular apreço pelas alfaias de prata, como demonstram inventários seiscentistas e setecentistas preservados no Arquivo do Estado de São Paulo.

O acervo de prataria e joias de ouro é surpreendente – em todos os inventários havia, ao menos, uma colher e uma tamboladeira de prata (espécie de vaso de origem espanhola, para medir vinho, azeite, farinha, remédios e outros), uma corrente, ou um par de brincos, de ouro.

A partir do século XVII, têm-se notícias mais detalhadas dos ourives vindos da Metrópole. Apesar dessa imigração, aqui, ao contrário do que sucedia em Lisboa, a maioria dos artesãos era composta de escravos, mulatos e índios, que aprendiam o ofício com rapidez extraordinária e tornavam-se artistas. Em Portugal, indivíduos com essas características eram proibidos de exercer o ofício de ourives. Nas colônias, a única notícia de proibição diz respeito a cristãos-novos. No Brasil, a primeira notícia de ourives cujo sangue era tido como "impuro" encontra-se nas

Denúncias do Santo Ofício, por volta de 1620, e refere-se a cristãos-novos que trabalhavam aos domingos.

Com relação à organização do ofício de ourives, há semelhanças entre Portugal e sua colônia na América. Tanto lá como cá, os artesãos tinham de registrar suas marcas na Câmara (contrastes) e não podiam vender nenhuma peça que não fosse marcada. Porém, aqui, apesar dessa obrigatoriedade, os ourives nem sempre o faziam, pois era fácil burlar a lei, dadas as grandes distâncias, que dificultavam a comunicação. Esse caráter clandestino da atividade de ourivesaria no Brasil dificulta, hoje, a identificação dos artesãos e dos ateliês.

A clandestinidade não era apenas uma burla; ela decorria das condições do aprendizado do ofício, na Colônia, onde copiar uma peça era atividade comum. Aliás, para os pesquisadores, a falta de marca nas peças é indicativa de sua origem.

A cópia só deixou de ser uma prática quase constante quando nossa ourivesaria se viu servida de oficiais e mestres cujas raízes mergulhavam em outras culturas (negras ou indígenas). As diferenças em relação ao modo português começaram a se acentuar e, então, surgiram novas inspirações – ainda que sempre sob a tutela dos mestres portugueses –, em objetos típicos da joalheria brasileira: cocos, balangandãs (Figura 50), cuias e bombas (bombilhas) de chimarrão, cabos de rebenque, estribos (Figura 51), sinete (Figura 52), cabos de facas ou punhais (Figura 53).

Figura 50. Penca de prata com berloques. Século XIX, procedente de Lorena, São Paulo. Contraste do ourives Cláudio de Azevedo Ribeiro.

Figura 51. Estribo sapata, em prata. Século XIX, procedente de Sorocaba, São Paulo. Contraste do ourives Antônio da Silva Oliveira.

Figura 52. Sinete de prata. Século XIX, procedente da Igreja de Nazaré Paulista, São Paulo.

Figura 53. Faca em ouro e prata. Século XIX, procedente de Sorocaba, São Paulo. Pertenceu a Antônio da Silva Prado, barão de Iguape.

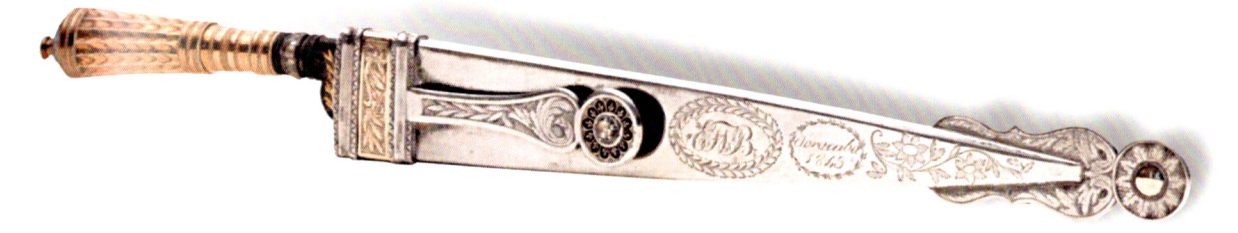

Expansão e diversidade na Europa: séculos XVIII e XIX

Ao elaborarmos um panorama da diversificada produção europeia, percebemos, nessa época, novas influências se delineando: desde o final do século XVII, grupos de artesãos especializados em filigrana trabalhavam nos Países Baixos, na Alemanha e na Escandinávia, fazendo objetos como porta-joias, cabos para talheres, além de miniaturas de mobílias.

Por volta de 1814, a Itália produziu joias de filigrana, no estilo etrusco, com um fio de ouro mais grosso do que o tradicional (Figura 54). Tais joias se tornaram tão requisitadas que joalheiros franceses e ingleses as imitaram, e até hoje são populares em Portugal.

Das fundições de Berlim saíram joias de ferro com severos ornamentos negros, moldados em design clássico, e réplicas de camafeus (Figura 55). Após 1820, predominaram os ornamentos em estilo gótico: arcos ogivais, janelas com rosáceas e trevos. Nos Alpes, os suíços se destacaram na arte de esmaltar. Produziam caixas de relógio e correntes, bem como pulseiras compostas de placas mostrando figuras femininas com trajes típicos, que encantavam sobremaneira os turistas (Figura 56).

Figura 54. Peça de influência italiana do início do século XIX. Tendência da moda internacional de "joalheria arqueologizante". Bracelete em ouro filigranado, micromosaico, nácar, coral e pequenas pinhas.

Figura 55. Bracelete. Berlim, 1830. Dessa cidade vinham alguns ornamentos negros feitos em fundição, com design clássico: madressilvas e réplicas de camafeus.

Figura 56. Pulseira com imagens esmaltadas mostrando vestuário feminino.

Da Floresta Negra, na Alemanha, vinham objetos esportivos esculpidos em marfim. Desse material também se fabricavam medalhões e anéis, em Dieppe (França) e na Suíça. Esculturas eram colocadas em pulseiras, broches e brincos.

Na Itália, as principais cidades especializaram-se: Veneza, por exemplo, tornou-se notável pelas contas de vidro e correntes de ouro; Gênova, pela filigrana prateada, pelo coral esculpido em contas e pelos camafeus, que também eram (e ainda são) encontrados em Nápoles. Em Livorno, aves e querubins constituíam os motivos preferidos para os camafeus; em Florença, a especialidade eram os ornamentos marchetados em padrões decorativos. Os camafeus prosperaram, ainda, em Roma, reproduzindo obras esculturais antigas e modernas, além das joias de mosaico, oriundas de técnica antiga, utilizada em pisos e paredes.

Os anos seguintes à Revolução Francesa (1789) foram marcados por trajes mais simples, tendo diminuído o uso de joias na Europa e nas colônias. Porém, em 1804, a chegada de Napoleão ao poder, com pompa e exibição, provocou o revigoramento da arte da joalheria.

O rico estilo do Império, criado pelo pintor francês Jacques-Louis David, foi aplicado à criação de adornos fabulosos usados pelas mulheres da família imperial, em ocasiões especiais. Tiaras, brincos, colares, pulseiras e broches, abotoaduras – com diamantes, esmeraldas, rubis e outras pedras preciosas, com gravações de insígnias da realeza – forneceram o padrão para o resto da Europa (Figura 57).

Na Inglaterra, a aristocracia luxuosa foi liderada pelo príncipe regente George IV, que nutria paixão por tudo o que era soberbo e suntuoso. Depois de Henrique VIII, esse monarca inglês foi o que adquiriu mais joias.

A ambição por pedras grandes levou ao aumento da provisão de gemas preciosas misturadas a outras consideradas de menor valor, menos "preciosas".

Figura 57. Camafeus do século XIX, em ouro, com pérolas, rubis, mosaico e ônix.
Acima: camafeu romano, com mosaico de ônix.
Centro: pendente romano, com mosaico, e selo com a efígie do leão de São Marcos.
Abaixo: Pendente em ouro, com rubis, pérolas barrocas e camafeu de ônix.

Figura 58. Colar com diamantes e safiras, século XIX. Foi propriedade da princesa de Baden; do duque Michael, da Rússia; e do duque de Harewood.

Adornos exuberantes poderiam ter ametistas, topázios dourados, águas-marinhas, turquesas, entre outras pedras, fixadas em vistosas armações de filigrana ou ouro estampado, e ligadas por correntes. A combinação de pedras brilhantes e coloridas em armação de ouro foi chamada *à l'antique* (Figura 58).

Voltando à França, enquanto o estilo napoleônico era reservado para ocasiões formais, outras joias – que simbolizavam sentimentos, patriotismo e nostalgia – eram usadas informalmente, com roupas próprias do Romantismo. Eram inspiradas em histórias românticas populares ou que evocavam tempos passados da Idade Média, representando cavaleiros em armaduras ou figuras românticas.

A formalidade da vida social requeria joias para os cabelos, como tiaras ou pentes, usadas para manter o penteado no lugar. Além desses, outros enfeites – com motivos de borboletas, mariposas, espigas de trigo, buquês de flores, etc. – também eram usados para adornar os cabelos (Figura 59).

Em 1830, apareceu a chamada *ferronière,* inspirada em um retrato – atribuído a Leonardo da Vinci e que se encontra no Museu do Louvre –, que mostra uma senhora, esposa de um ferreiro (e também amada de Francisco I), portando tal ornamento, originando o nome *La belle ferronière.* Simples ou esplendorosa,

Figura 59. Adornos para cabelos denominados trêmulos, brincos e pendentes. Prata, ouro, diamantes, esmeraldas, rubis, crisoberilos, topázios, ametistas, granadas, esmalte e vidros coloridos. Século XVIII, Portugal.

Figura 60. Grupo de broches do século XIX, com variedade de motivos caprichosos, sentimentais ou naturais, e uso de cravos de aço de várias formas e tamanhos.

conforme a ocasião, a *ferronière* é sempre um ornamento fixado em uma fita ou coisa semelhante, acima das sobrancelhas, centrado na testa. Pode ser um pequeno camafeu, uma gota ou uma grande pedra cabochão. Igualmente próprios da época eram os broches, para fixar pequenos chapéus e turbantes (Figura 60).

Como vimos até agora, a necessidade do ser humano (homens e mulheres) de ornamentar-se é um fato em todas as culturas. Mas, como veremos no próximo capítulo, no século XX ela parece preponderar nas mulheres.

A MULHER E A JOIA: O SÉCULO XX

Art Nouveau

Para muitos, o estilo Art Nouveau foi uma descontinuidade na evolução crescente das artes. Para outros, ao contrário, foi a ressurreição da arte barroca, foi inovação, revolução esperada, concretização das aspirações de uma sociedade que anunciava um novo mundo com a virada do século. Apesar de ser uma arte efêmera, tornou-se conhecida por muitos nomes diferentes.

Na linguagem internacional, convencionou-se chamá-la Arte Nova, como a galeria de arte que Samuel Bring abriu em Paris, em 1896. Vários outros nomes apareceram na linguagem corrente: *style nouille, style coup de fouet* e Belle Époque. No entanto, os franceses insistiam em denominá-la, além de *art nouveau, art neuf* ou *modern style*; os ingleses, estilo Liberty; os italianos, *stile nuovo*; e os americanos, Tiffany Style, nome de seu principal representante. Os espanhóis chamavam-na de *arte nuevo, arte joven* ou estilo Gaudí, nome de seu principal mestre local. Na Alemanha era *Jugendstil* (estilo jovem) e, em sua forma austríaca, *Secessionstil* (estilo Secessão), denominação do grupo de artistas vienenses que introduziu a modernidade na Áustria, entre eles Gustav Klimt, pintor que usava dourados e prateados em seus quadros e que talvez seja o que melhor representou a mulher do século XX, sua feminilidade e seu erotismo (este último mais tarde explorado pela publicidade).

A variedade de nomes para o estilo desse período reflete a vitalidade, a efervescência desse novo modo de expressão, concebido por estetas possuidores de personalidades muito originais, inspirados em poetas simbolistas, preocupados com a individualização, que rompiam com o estilo de vida habitual na época.

O Art Nouveau foi um acontecimento artístico essencialmente europeu, ainda que, nos diferentes países em que se desenvolveu, tenha apresentado características nacionais. Em alguns meios foi mais do que arte: foi uma filosofia, uma ética e um comportamento. A Arte Nova corresponde, em primeiro lugar, ao desejo e à vontade de evolução no plano social e artístico. Na segunda metade do século XIX, a produção artística neoclássica lembrava, cada vez mais, mercadorias destinadas a satisfazer os gostos mais superficiais da sua clientela – uma sociedade rica, estável, e que desejava a aparência dessa riqueza e estabilidade representada em todos os seus objetos (o que, ironicamente, até poderíamos chamar de uma estética de fachada).

Já os criadores da Arte Nova tinham, em comum, a vontade de interpretar a natureza. A estilização da forma dos vegetais foi a linha mestra dos trabalhos artísticos desse período, embora ela possa parecer apenas um pormenor na evolução do estilo, que se pautou pela leveza, construída por meio de formas assimétricas e orgânicas. Na Arte Nova – basicamente, obra de decoradores (pois era o que a arte já existente exigia), ainda que também fossem pintores ou escultores –, o naturalismo reduziu-se às linhas essenciais.

As composições florais evocavam a sensualidade delicada e suave da mulher, incorporando-a nas representações cênicas desse período. Mulheres e flores estilizadas simulavam o irreal. A mulher sensual e livre, feliz com a vida.

Esse período artístico coincidiu com a época das vedetes, as famosas parisienses de elegância fulgurante, espiritual e luxuosa, que torturavam os homens. O adorno do Modern Style está sempre presente nesse mundo feminino.

No período da Arte Nova, os ornamentos desenvolveram-se sob o aspecto de arte marginal. Uma arte decorativa, dos salões da moda, presente nos retratos, nos móveis, nos bibelôs e nas joias: sua produção ressaltou o esforço em busca de qualidade e rigor, nesse momento em que o comércio explorava os ornamentos, e o culto ao feminino estava no centro da vida mundana.

Na Belle Époque, a mulher era adorada como divindade profana. As joias complementavam as homenagens, as saudações polidas, as fórmulas de respeito e os murmúrios de adulação. As roupas e os adornos fizeram, imediatamente, aliança com a Arte Nova, porque esta facilmente admitia fantasias e permitia muitas possibilidades.

Uma época privilegiada para a joia, cuja única função era ornar, e seu único destino, satisfazer a vaidade. E nada mais compatível com isso do que a esfuziante Paris, que, por tradição e vocação, trouxe as mais deslumbrantes invenções e os mais preciosos refinamentos à arte da joalheria. Foi nessa cidade

Figura 61. Pendente de René Lalique, de ouro com diamantes e aplique de esmalte *ajour*. Com a figura de dois gafanhotos *vis-à-vis*, é um verdadeiro exercício de precisão científica e simétrica.

Figura 62. René Lalique usou um tema medieval em um pendente de ouro, marfim esculpido, safira, esmalte e pingente de diamante.

Figura 63. Peça em prata com opalas, criada por Georg Jensen em 1904, na Dinamarca. Uso de técnicas nativas. A libélula estilizada foi tema muito apreciado pelos artistas franceses.

que René Lalique expôs seu espírito, gosto e fecundidade, reveladores de sua maestria (Figura 61).

Para Lalique, descobrir que a natureza era fonte inesgotável de inspiração permitiu-lhe renovar seu estilo de arte e conciliar a elegância da moda com outras formas de arte decorativa e outros padrões de trabalho que não exigiam apenas o "precioso". Ele não se importava, por exemplo, em empregar pedras de pouco valor, até mesmo desprezadas, desde que elas contribuíssem para o efeito desejado. A pedra deixava de ser usada por seu valor intrínseco ou para ostentar; no momento, o sábio trabalho da ourivesaria tinha a primazia e, no mesmo espírito, transformava as flores do campo, os insetos, as borboletas, os escaravelhos, as rãs – e tudo o que anda, escala ou voa – em brincos, braceletes, pentes ou alfinetes para cabelo. Seus objetos tinham vivacidade, delicadeza e discrição, ressaltavam e homenageavam a instabilidade e a fragilidade femininas, segundo a visão de mulher que se tinha na época (Figura 62).

O sucesso de Lalique estendeu-se França afora, como se percebe pelo trabalho do dinamarquês Georg Jensen (Figura 63). De modo geral, joalheiros envolveram-se com a Arte Nova e com variedade na exploração dos motivos. Alguns, como Henri Dubret, dedicaram-se a cinzelar somente folhas e flores; outros, como Wolfers, utilizando-se do estanho, introduziram morcegos, caranguejos, répteis, formigas, pulgões, etc. nas joias; ou mulheres nuas, em miniaturas de estátuas (Figuras 64 e 65).

Figura 64. Par de ornamentos para cabelos com aplique de esmalte, diamantes e pérolas, feito por Riffault, em 1870, para Boucheron.

Figura 65. Pendente em ouro com esmalte representando a flor íris, com pingentes de opala e ametista, criado por Nelson e Edith Dawson.

Década de 1930: outras formas, outros materiais

Na década de 1930, quando as atrizes de cinema eram o árbitro da moda, o ideal de beleza de toda mulher era ter ombros largos e quadris estreitos. Greta Garbo foi um padrão. Nessa época, as pernas deixaram de ser a região mais erótica do corpo e o foco passou a ser as costas, desnudadas até a cintura, até mesmo nos vestidos para uso durante o dia. As nádegas também se revelavam sob a roupa; a saia ficou mais curta, e justa no quadril. Os cabelos ficaram à mostra, e, já desde a década anterior, os penteados passaram a ser bem rentes à cabeça (*à la garçonne*, ou seja, à moda dos rapazes) ou em pequenos cachos na nuca. O chapéu foi sendo abandonado.

O corpo se impôs ainda de outras formas. O banho de sol tornou-se um hábito, e, com isso, os trajes de praia modificaram-se, mostrando e marcando mais o corpo. Os esportes – como o tênis, a patinação e o ciclismo – foram valorizados e influenciaram a moda. A altura da mulher também passou a ser valorizada, e os costureiros utilizaram-se de recursos diversos para dar às mulheres a impressão de serem mais altas.

A crise econômica de 1929 também influenciou esse período. Vestidos de noite passaram a ser confeccionados com tecidos que, até então, eram usados somente durante o dia: a casimira, o algodão e a lã. Além disso, nessa época, as roupas das diversas classes sociais tornaram-se semelhantes, por causa da difusão dos *toiles* (moldes cortados em linho), que copiavam os modelos das grandes casas europeias. Outra contribuição ao barateamento dos custos da moda foi a difusão de tecidos sintéticos.

Assim como os tecidos, os materiais sintéticos também estiveram presentes na joalheria, em peças concebidas para compor com os longos decotes dos vestidos:

brincos (de pressão, em grande parte), tiaras, gargantilhas, pulseiras e broches.

Foi enorme a produção de joias desse período, no estilo por excelência das artes decorativas, tanto que é denominado Art Déco. Audacioso e geométrico, aplicado a todas as artes, esse estilo teve na joalheria sua expressão artística mais clara e atraente. Ao contrário do Art Nouveau, o Art Déco se afastou da emoção e atraiu o intelecto, baniu imagens sinuosas, de formas livres e muito adornadas, criando um visual seco e simétrico.

A preferência pelas formas geométricas foi inspirada nas pinturas cubistas de Pablo Picasso e George Braque, criadas principalmente entre 1907 e 1914. As combinações de cores, fortemente contrastantes, derivavam das pinturas do fauvismo (1905-1907) e dos figurinos para os balés russos criados por Leon Bakst (1866-1924) e Alexandre Benois (1870-1960).

O estilo Déco reflete a velocidade e o movimento, além das formas das novas máquinas (Figuras 66 e 67). Alguns temas do período anterior persistiram, como a cesta de flores, mas agora sempre muito estilizados. Os materiais empregados nessas peças não eram caros, ainda que algumas delas tenham sido elaboradas em materiais preciosos, o que permitiu

Figura 66. Bracelete em prata e ônix, datado de 1930, inspirado em peças de máquinas.

Figura 67. Produzido por Tiffany & Co. de Nova York, este par de brincos teve inspiração na arquitetura.

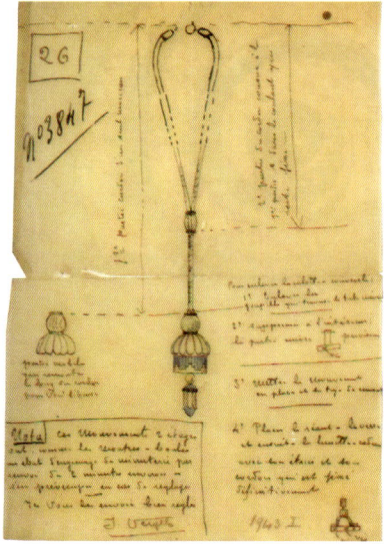

a produção, na época, de ampla variedade de joias interessantes e adaptadas ao orçamento de todas as mulheres.

A inovação do design e da produção do período partiu das casas de joalheria parisienses da place Vendôme e da rue de la Paix – Van Cleef & Arpels, Mauboussin, Boucheron e Cartier ditaram as tendências da moda na feitura de joias e também os avanços técnicos.

Entre as inovações, a mais importante foi a que se refere aos cortes das pedras. Pedras quadradas, às vezes em corte *calibré,* eram lapidadas para seguir o contorno de um design, com forma irregular. Essas pedras em corte *calibré* eram utilizadas para engastes invisíveis, nos quais as pedras eram perfuradas partindo de trás e montadas de beira a beira em haste de metal, permitindo uma superfície sem interrupções, "sem costura" (Figura 68).

Essa técnica foi inventada por Van Cleef & Arpels, que a executou em broches espetaculares, para personalidades como o duque de Windsor, em 1936. Técnicas de engaste e cuidadosas combinações de pedras tornaram-se vitais, pois o valor ou o efeito da pedra em si

Figura 68. Pendente de nome Stalactite, desenho de Cartier, feito com diamantes, lápis-lazúli, esmeralda rolada e pérola. 1925.

não caracterizava o teor principal da joalheria Déco. O valor da peça era ditado pelos padrões de cravação em linha (das pedras), pela maneira como elas se organizavam no design global (Figura 69).

Ainda quanto às peças Déco, cabe ressaltar mais algumas características. Houve grande preferência pelas peças individuais e não pela formação de conjuntos como, por exemplo, brincos e colar combinados, formando "famílias de joias". Os anéis eram populares em mãos sem luvas, e os cortes de cabelos, mais curtos, pediam brincos mais longos e balançantes. Também as pulseiras eram acessório importante, e quem as usava geralmente as exibia copiando as estrelas de cinema: várias em cada braço.

Já usados desde os anos 1920, os clipes de vestido tornaram-se *must* absoluto nos anos 1930. Cartier patenteara o clipe duplo, em 1927, e foi muito copiado na joalheria dos vinte anos seguintes (Figuras 70 e 71).

Os clipes duplos eram muito versáteis e, para os orçamentos do período da depressão, tornaram-se uma compra racional. Eram usados individualmente, chamando atenção ou para as costas da mulher, no decote profundo de um vestido de noite, ou para o colo, quando em um decote em V. Podiam ainda ser usados em pares, enfeitando um decote quadrado; ou, ainda, presos em bolsas, chapéus e echarpes.

Figura 69. O misterioso engaste invisível: cravação de safiras e diamantes em ouro e platina, de Van Cleef & Arpels, Paris.

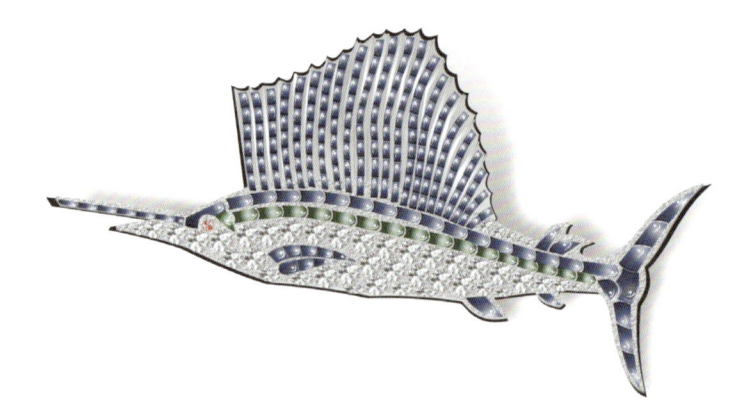

Figura 70. Tiffany & Co. produziu este broche, uma representação surpreendente do peixe-espada, composto de diamantes, esmeraldas, safiras e um rubi.

Figura 71. Diamantes e safiras em duplo clipe. Design de Alfred Philippe, para Trifari americana. Original, fluido, mas formal. 1935-1945.

A joalheria da França e da Alemanha foi amplamente difundida nos Estados Unidos. Foi nessa época que fez sucesso o visual *all white* (todo branco), inspirado no estilo criado por Jean Harlow: vestido de noite branco e justo, pele de raposa branca, vaso de lírios em estante de alabastro e um amontoado de diamantes e platina.

Mas não só de diamantes e platina vivia a joalheria. Havia a produção verdadeira, bastante limitada, dos designers que se destinava a *la crème de la crème* da sociedade, que tinha condições de seguir a moda. Nessa história de seguir a moda, algumas marcas se tornaram muito populares. Foi o caso de Coco Chanel e de Elsa Schiaparelli (esta última pensava em linhas surrealistas). E Chanel, por exemplo, criou e vendeu muitas falsas joias, puríssima imitação.

Depois da Primeira Guerra Mundial, os Estados Unidos passaram por uma industrialização de grande escala e, nos anos 1930, produziram joias de alta qualidade em escala impossível para a Europa do pós-guerra. Paris continuava a ditar o estilo, mas, na fase final do Art Déco, os Estados Unidos eram os grandes produtores.

Década de 1940: entre a crise e a ostentação

Na década de 1940, juntamente com a imagem brasileiríssima de Carmem Miranda e seus balangandãs, nosso país entrou no mundo da joia. Essa personalidade, impressionantemente nacionalista (mesmo sendo portuguesa), com suas fantasias e acessórios típicos, apresentou ao mundo um Brasil faceiro, colorido e animado.

A joia desse período recebeu o nome de "coquetel", caracterizando-se pela mistura de temas e inspirações mundiais do século XX. Evoluiu a partir do final do Art Déco e adquiriu energia própria, explodindo em ouro e rubis, tiras de ouro amarelo e chuveiros de safira, águas-marinhas e ametistas, em meio à depressão da Segunda Guerra Mundial. Os traços marcantes desse design foram influenciados por aspectos do Art Déco e pela Era Industrial. Nos anos 1940, as linhas arquitetônicas aerodinâmicas das joias foram suavizadas em curvas mais voluptuosas, tridimensionais e impelidas para o figurativo. Uma das características mais notáveis desse design foi a mistura bem-sucedida de elementos opostos: motivos que formam arcos ao mesmo tempo naturais e artificiais, duros e fluidos, estáticos e cheios de movimento.

As primeiras joias coquetel, de fins dos anos 1930 e começo da década de 1940, ainda pareciam geométricas e abstratas, embora tivessem mais volume que as peças Art Déco. Com o passar dos anos, foram ganhando suavidade, colorido e

Figura 72. Broche com ouro, turquesas, corais e ametistas, produzido por volta de 1940. Peça colorida e exótica, contrastando com os anos de guerra. Sobrepõe romantismo e a assimetria da fauna e da flora. John Jesse & Irina Laski, Tadema Gallery, Londres.

textura. Essas joias foram criadas em atmosfera de mudança social e crises – convulsões sociais, econômicas e políticas. Duas guerras mundiais tinham trazido drástica redistribuição da riqueza. As mulheres haviam conseguido grande avanço no que diz respeito à sua independência e autoridade. A geração feminina que ingressou no mercado de trabalho favoreceu o surgimento de um mercado para as roupas *prêt-à-porter* e acessórios, numa época em que as dificuldades financeiras obrigavam até as consumidoras abastadas a fazer economia.

Mesmo com a crise (que provocava a contenção dos gastos no cotidiano), nessa época a maioria das mulheres ia ao cinema e ficava exposta a todo o fascínio de Hollywood. Fascínio e escapismo estavam muito em voga nos anos 1940, porém, como para comprar platina e diamantes não havia mais dinheiro disponível, o efeito de ostentação foi alcançado com quantidades limitadas de ouro forjado, que davam a impressão de pedaços grossos e pesados do nobre metal (Figura 72).

A geometria leve propiciou a criação de formas esculturais, o que provocou uma expansão do uso do metal como matéria-prima de joalheria (Figura 73), diversificando-o até em ouro rosado ou amarelo. Em contraste com o chique preto e branco de meados dos anos 1920, a cor tornou-se importante elemento no adorno: o ouro colorido combinava com pedras transparentes. Além disso, o metal era texturizado para outros interesses, como a criação de padrão de hexágonos perfurados na composição de um design em forma de favo, característico de Van Cleef & Arpels, nos anos 1940. Aliás, dessa época até os anos 1950, tornaram-se especialmente populares os trabalhos em malha de ouro, imitando gaze ou treliça, e trabalhos usando tramados típicos da cestaria.

Quanto às flores, elas continuaram populares. Van Cleef & Arpels produziram as flores mais espetaculares da época, usando suas novas armações invisíveis, nas quais as massas de diminutos rubis ou safiras cortados em quadrados eram presas pela parte posterior numa só armação de ouro, de tal modo que nenhuma das fixações fosse vista de frente.

Em meados da década de 1940, entraram no design de joias outros motivos alegres, figurativos, e animados desenhos de animais: figuras de espantalhos, palhaços, jardineiros, vendedores de flores e, a mais característica de todas, a

Figura 73. Clipe de platina, diamantes e rubis. Criação de Gilbert Albert.

Figura 74. Cartier, em 1949, criou esta pantera, com *pavé* de diamantes, safiras lapidadas e cabochão de safira.

bailarina. Essas figuras permaneceram na década de 1950, sob a inspiração de Cartier e, particularmente, da designer Jeanne Toussaint, responsável pela representação figurativa de pessoas, animais ou pássaros. Panteras ou leopardos transformaram-se em símbolos luxuosos e pungentes da duquesa de Windsor, nas oficinas de Cartier nos anos 1940 (Figura 74).

Na Europa, a Segunda Guerra Mundial esvaziou a indústria de joias. Oficinas foram destruídas e grande parte da mão de obra alistou-se no exército. Alguns joalheiros foram requisitados para executar trabalhos de guerra, já que estavam equipados para realizar engenharia de precisão. Os artesãos de Cartier, por exemplo, passaram a guerra construindo peças de precisão para equipamentos de navegação e máquinas fotográficas utilizadas em reconhecimento aéreo. Poucos foram os joalheiros que conseguiram manter-se no próprio negócio, dada a escassez de metais e pedras preciosas. Após a liberação de Paris, em outubro de 1944, grandes nomes como Boucheron, Cartier, Chaumet e Van Cleef & Arpels retornaram às atividades. Fora das cenas dos combates, a influência da guerra foi menos profunda nos Estados Unidos. Nesse período, joalheiros americanos ou filiais das casas francesas em Nova York – como Paul Flato, John Rubet, Verdura, Trabert & Hoeffer – desenvolveram trabalhos. Na Itália, Bulgari liderou um grupo de joalheiros que trabalhou na moda coquetel. Na Suíça, as maiores empresas de relógios produziram elegantes modelos de pulso, acessórios populares na época. Na Inglaterra, o comércio de joias recomeçou lentamente no pós-guerra e o estilo prevalecente na joalheria foi o continental, adotado por fabricantes de Londres, como Shackman e Byworth.

Com o final das privações, os designers sentiram-se livres para experiências e construíram peças com materiais banhados a ouro. O design das falsas joias e das bijuterias começou a influenciar o trabalho das joias em metais preciosos. Pode-se dizer que, dos anos 1940 aos anos 1950, a joia de imitação rivalizou com a joalheria genuína. Com o uso dessas joias de imitação, as mulheres de classe média podiam "adquirir" o *glamour* das estrelas dos filmes de Hollywood ou de pessoas ricas da sociedade.

Os elegantes anos 1950

Do mesmo modo que em décadas anteriores, durante os anos 1950 coexistiam dois sistemas de fabricação de joias: o das joias feitas de metais raros e preciosos, trabalhadas em casas famosas; e o das joias do artista-artesão, feitas em oficinas menores, com materiais mais acessíveis, nas quais o desenho e o aspecto artístico eram os elementos mais importantes (Figura 75).

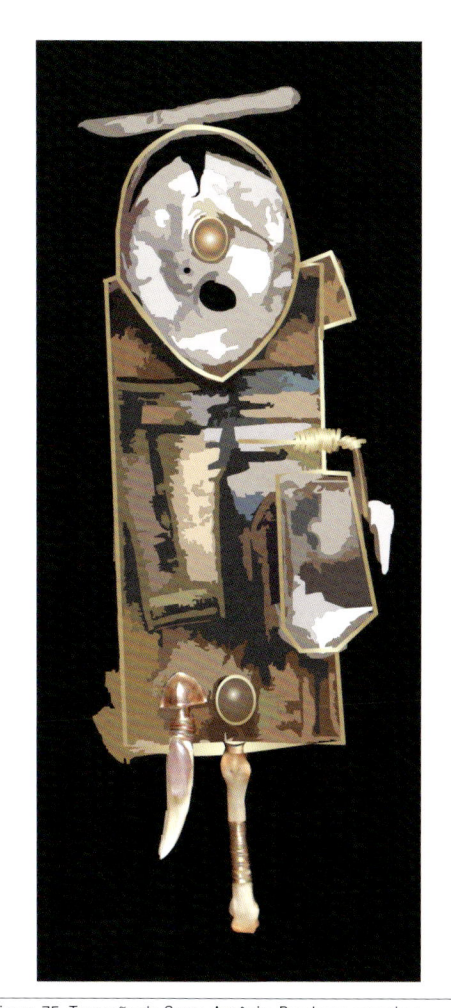

Figura 75. Tentação de Santo Antônio. Pendente ousado e exuberante, em ouro, esmalte *cloisonné*, prata, alumínio, opala, turmalina, espelho, pérola de água doce, marfim e osso. Design de William Harper.

Ao lado do majestoso diamante branco tradicional, as joias caras dos anos 1950 mesclavam corais e turquesas. Algumas peças de design abstrato mostravam o novo humor da época, ligado às formas naturais, orgânicas, e que se tornaria característico nos anos 1960. Outras se baseavam em flores, pássaros e insetos (no estilo coquetel). A joaninha de coral, sozinha ou equilibrada em uma flor ou folha de ouro, contendo minúsculos diamantes em seu corpo, enriquecida com esmalte, ônix ou lápis-lazúli, era o marco oficial do design de joias dos anos 1950 e o motivo favorito de Cartier.

A JOIA CONTEMPORÂNEA: ASPECTOS DA SUA PRODUÇÃO

A joia contemporânea, como categoria identificável, começou nos anos 1950, com o trabalho de criação de indivíduos isolados em centros nacionais e regionais, emergindo como movimento internacional no princípio da década de 1970.

Inicialmente, tais joias eram desenvolvidas por um pequeno número de artistas ou partidários dispersos pelo mundo e, aos poucos, adquiriram forte senso de individualismo, salientando inovações em material e estética (Figura 76). Até então, a joia circulava dentro de uma rede internacional bem estabelecida, de conhecimento e experiência compartilhados. Mas, com o aumento do número de artistas, a joalheria mereceu a atenção acadêmica de galerias, museus e exibições escolares, além da sua distribuição em centros internacionais de significativa atividade (Figura 77).

Figura 76. Ouro, pérolas e insetos. Peça de Gilbert Albert, de 1992.

Figura 77. Ouro, pérolas e insetos. Peça de Gilbert Albert, de 1992.

Década de 1960: a multiplicação acelerada

Em Londres, já em finais dos anos 1950, Mary Quant abria sua primeira loja, a Bazaar. Inicialmente vendeu roupas compradas de outros fabricantes; com o tempo começou também a projetar, produzindo moda barata, e obteve sucesso imediato. Mary Quant se tornou a designer mais requintada da década; patrocinou a minissaia, o corte de cabelo geométrico, com costeletas compridas, vestiu PVC, *hipsters* (calças de cintura baixa) e vestidos de crochê.

Mary Quant foi a pioneira, a que abriu caminho para as reviravoltas da década de 1960, a década que trouxe todos os tipos de revolução, entre elas, no que aqui nos interessa, o renascimento do design e, acima de tudo, o culto à juventude.

Os adolescentes cansaram-se de esperar a entrada na vida adulta para ter voz ativa e exigiram uma cultura própria, que não copiasse a dos mais velhos. Conquistaram esse direito nos anos 1960 e criaram um estilo "tempestuoso", que se rebelou contra toda sofisticação obediente: não mais penteados comportados, cheios de laquê, nem coques-banana e "colmeias" cheias de enchimento, equilibradas no alto da cabeça, sustentadas por "caixas" de grampos para cabelo, para que nenhum fio saísse do lugar; fora com as meias-calças, com os *soutiens* cheios de enchimento, para ficar com os seios "pontudos", dentro de *twin sets* de malha, arrematados por um colarzinho de pérolas.

Essa revolta precisou de sinais externos para indicar a ruptura dos padrões até então vigentes. E houve uma volumosa demanda por roupas novas, jovens e excitantes, além de acessórios que absorvessem e refletissem as muitas influências e acontecimentos, um vestuário e adornos que pusessem aos olhos do mundo o novo espírito desse tempo e de suas profundas mudanças sociais e morais.

Pode-se dizer que, nos anos 1960, o centro da moda oscilava no eixo Londres-Paris. Foi em Londres que Mary Quant deu a partida, e, em 1964, em Kensington, a butique Biba marcou época por seu grande e imediato sucesso. Concebida por Barbara Hulanicki, a loja oferecia roupas baratas, o que atraía até mesmo os seguidores da alta-moda, pois os hábitos não tinham mais vez, e a moda passou a ter uma obsolescência quase imediata, num mercado em expansão, caprichoso, em que artigos de vestuário eram descartados assim que uma nova tendência surgia.

Já os estranhos jovens da alta-costura parisiense – Rabanne e Courrèges – conquistaram enorme espaço na moda, com um *look* facilmente interpretado e realizado (imitado), efetivamente, por inúmeros fabricantes ao redor do mundo todo.

Em 1960, Paco Rabanne, ex-estudante de arquitetura, o verdadeiro *enfant--terrible* da alta-costura parisiense, deu um passo adiante, introduzindo um aspecto mais "espacial", ideias de antimoda: minivestido montado com discos de plástico presos com elos de corrente, e roupas inteiras de correntes, bolsas e acessórios. As contribuições mais famosas de Paco Rabanne para o *new look* eram, na realidade, do tipo audacioso: joias de plástico luminoso e botões, que ele vendeu para Balenciaga, para Dior, para Givenchy. Como ele mesmo disse: "Eu fiz joia para o lado alternativo da personalidade das mulheres, para suas loucuras".[1]

Nessa busca, ele experimentou novos materiais, tais como madeira, papel e plásticos brilhantes ou PVC, escolhendo os menos valiosos. Trabalhou em preto brilhante e branco, ou contrastando cores fluorescentes, como laranja, amarelo, rosa, vermelho ácido, roxo vibrante. Brincos moviam-se como móbiles psicodélicos, esferas viravam dentro de círculos, voltas dentro de voltas, espirais giravam e discos eram agrupados em camadas.

---

[1] Em Vivienne Becker, *Fabulous Costume Jewelry: History of Fantasy and Fashion in Jewels Books* (Nova York: Shiffer, 1993), p. 190.

Por sua vez, André Courrèges, em 1964, emocionou jovens clientes *fashion-crazy*, ao redor do mundo, com roupas curtas, afiadas, brancas, moda angular, futurística, deslizando pelo corpo: as saias mais curtas do século, usadas com botas brancas, abertas na frente, e óculos de sol de armação branca.

De repente apareceram – em todas as butiques e lojas de departamentos – brincos de plástico em listras brancas e pretas, brilhantes, no estilo que se convencionou chamar Op-arte (de *optical art*, ou seja, uma arte baseada em efeitos ópticos): enormes "poleiros de papagaio", quadrados, discos ou margaridas (ou seriam cata-ventos?), que embaralhavam a visão. Trifari introduziu uma Op-arte jovem, inspirou séries de joias de imitação e bijuterias, feitas de metal pintado com *spray* branco brilhante. E, nessa frenética ciranda de estilos, a Op-arte foi seguida pela Arte Popular, com seus pequenos broches de plástico moldados como biscoitos, chocolates, fatias de limão.

Como reação a essa transitoriedade, em meados da década de 1960, foram usadas na moda novidades com características naturalistas acentuadas. Influências orientais e de etnias variadas substituíram a agressão do período, causada pelo efêmero. Era o começo da onda *hippie*; os Beatles foram à Índia buscar riqueza espiritual, e a moda invocou essa busca nas roupas e nos acessórios. Joia indiana era a grande sensação: brincos de metal dourado; colares com pequenos sinos, que tiniam com o movimento, ricamente coloridos; joias opulentas, de inspiração oriental, coloridas com esmaltes, ou mesmo com esmeraldas ou rubis.

Essa época, também, marca um *revival* da falsa joia ou joia de imitação. E o responsável pode ter sido Kenneth Jay Lane, que tinha trabalhado para o departamento de arte da *Vogue* de Nova York, em 1954. Dois anos depois, saiu da *Vogue* para trabalhar com o designer de calçados Roger Vivier. Como parte desse trabalho, Lane ficou algum tempo em Paris, onde produziu sapatos para Dior – sapatos especiais, para acompanhar roupa de noite, com aplicação de falsos diamantes. Decidiu, também, fazer botões para combinar com os sapatos, e brincos coordenados com os botões. Comprou discos de plástico baratos, cobriu-os com diamantes de imitação e os deu aos amigos, para que os usassem à sua moda, vários de cada vez. Lane revelou-se como artista de aceitação imediata, como confirma o caso de um amigo que lhe pediu que fizesse um par de brincos longos, que caíssem até os ombros. Os brincos foram feitos e, fotografados em uma reunião social, imediatamente entraram na moda. O resultado disso foi que, em Nova York, nos anos 1960, todos queriam ostentar uma "joia" engenhosa feita por ele.

O *New York Times* notou seus trabalhos e achou-os interessantes. Divulgou-os, exatamente quando a joia de imitação há muito estava fora de moda. A Lane deve ser creditada essa mudança total de atitude, por fazer das joias de imitação e das bijuterias, em 1965, um acessório aceitável e procurado pela alta sociedade. Mulheres atraentes, nos seus 20 anos ou entrando nos 30, podiam simplesmente substituir as joias verdadeiras por falsas joias, pois ficavam bem vistosas com esse tipo de ornamento, atraindo a atenção dos editores de moda e dos frequentadores de lojas.

No processo de produção de sapatos, que não abandonou, Lane acabou aprendendo técnicas de confecção de joias, como soldar e modelar. Começou sua produção com joias de diamante, em lapidações clássicas: esferas, lágrimas, triângulos – todos tridimensionais. A inovação em suas criações era tal, e tão grande foi seu sucesso, que fabricar joias transformou-se em sua atividade principal.

De modo geral, a joia preciosa, nos anos 1960, sofreu transformações: renasceu e revolucionou-se. As convenções formais da década de 1950 foram rejeitadas tanto pela nova geração de designers como pela clientela de novos-ricos. Peças caras, como joias para cabelo, tiaras de diamantes, tornaram-se cada vez menos necessárias. Crescia a demanda por tipos diferentes de joias: menos formais,

mais modernas; símbolos dessa década oscilante, porém abastada. O dinheiro circulava, estava disponível para viagens, compra de carros, casas novas, máquinas e bens de luxo, e, entre eles, a joia teve papel importante (Figura 78).

Figura 78. Pendentes em ouro, prata, acrílico e esmalte. Criados por Herman Junger, Alemanha Ocidental, 1978-1979. Medem de 4,5 cm a 14,5 cm.

As décadas seguintes: o predomínio das joias de imitação

Nos anos 1970, houve o retorno gradual à utilização dos componentes da natureza como fonte de inspiração para manifestações artísticas. Na moda, isso significou inúmeras possibilidades: impressões floridas, sonhadoras, e padrões misturados, maciez, anáguas rendadas, cabelos longos, nebulosos. As roupas cobriam a nudez dos anos 1960. Saúde, aptidão e esporte passaram a ser valores importantes. Foi a época dos movimentos em favor das comidas naturais e da busca da natureza, correspondente a um *revival*, como nos movimentos artísticos do recém-passado século XIX, que idealizaram o artesão expressivo, com ênfase nos artistas-artesãos individuais, que dispensavam o apoio da rede comercial, promoviam o uso de materiais considerados não nobres, usavam ferramentas tradicionais e técnicas artesanais, não sem certo desprezo ao produto feito pela máquina.

A joalheria da década de 1970 participou desse conceito. A nova geração de artistas-joalheiros, que emergira das escolas de arte da década de 1960, começou a trabalhar em *workshops* e estúdios, usando materiais novos como titânio ou resina de poliéster, tanto por razões estéticas quanto por causa do alto preço do ouro.

A gama de materiais – pasta, espelho e resina para madeira e plástico – e de técnicas industriais de eletroformatação e estamparia nunca havia sido tão grande. Essa foi, provavelmente, a mudança mais significativa na posição do mercado no reino de ornamentos. Designers joalheiros mudaram, ocasionalmente, da joia preciosa para a de imitação; outros passaram a trabalhar em fábricas, com aquilo que fosse comercial, usando, porém, criações altamente inventivas, vendidas em butiques ao redor do mundo. Por sua própria natureza, a joia de imitação é comercial, não podendo ser, em sentido estrito, considerada um produto artístico, mas, em virtude de sua originalidade e de seu valor ornamental, algumas são analisadas como tal.

A partir do momento em que houve uma grande redução no uso de joias por homens, a história da joia amalgamou-se à história das mulheres e, com as joias, em suas muitas batalhas por emancipação e igualdade, as mulheres poderiam (e, na década de 1980, iriam) reviver a imagem de feminilidade como delicadeza, uma nova heroína romântica, mas sem medo de ferir a independência duramente conquistada.

Mas a independência duramente conquistada, o domínio de seu corpo, nem sempre vinha acompanhada da independência financeira em alto estilo. O que exigia joias que satisfizessem seu desejo de um ornamento particular, que expressasse sua identidade, mas que estivesse ao alcance de seu bolso.

Em diversos países, fora e dentro da Europa (particularmente na Inglaterra), a joia de arte era vendida nas novas galerias e não em butiques. Ainda que pudesse ser considerada joia – pela criatividade, pelos modelos praticamente exclusivos –, muitas vezes não era incluída nessa categoria, por causa dos materiais não preciosos. Elaborada artisticamente a partir de projetos de design, ela pouco influenciou ou teve a ver com a moda ou com a ornamentação feminina no início dos anos 1970; teve, porém, um peso muito importante para a criatividade dos profissionais dos anos 1980.

Paralelamente ao mundo da joia artística estava o mundo da joalheria comercial, que, nos anos 1970, instigava as mulheres – e, de maneira inovadora, os homens – a usarem adornos, em uma época empobrecida de ouro. Pedras menos preciosas, negligenciadas até então, assumiram posição de destaque – como é o caso dos cristais, do olho-de-tigre, do coral, do lápis-lazúli, do ônix preto – e compuseram as ideias fundamentais das joias daquela década. O ouro texturado ainda era popular, assim como designs mais coloridos, feitos com esmaltes (Figura 79).

Ao copiar e aumentar os medalhões luminosos, à moda *hippie,* a indústria de joias de imitação ousou em combinações e cores. Os medalhões eram enormes, redondos, dourados, cobertos com esmalte ou resina, seguindo motivos abstratos, num padrão pseudo-oriental psicodélico. Surgiram imitações de olho-de-tigre e de lápis-lazúli em plástico, em pendentes corpulentos, normalmente com metal dourado texturado, agarrando as extremidades e rastejando em cima da superfície da falsa pedra. Foi grande a tendência para a moda de pendentes e broches com desenhos abstratos, astecas e geométricos, e também para a grandeza, rica e satírica, da joia renascentista, especialmente as cruzes, ainda influência *hippie*, do sucesso do musical *Jesus Christ Superstar,* de Andrew Lloyd Weber e Tim Rice (embora mais tarde, numa nova onda de cruzes, com conotação erótica, a cantora Madonna viesse a ser outra influência).

Mas as joias genuínas, em função da alta do preço do ouro, ficaram muito menores, a ponto de parecerem sombras de seus modelos anteriores. Os anos 1970, devastadores para a joalheria tradicional, apresentaram, em ouro, correntes fininhas, usadas, várias ao mesmo tempo, no pulso ou no pescoço, com pequenos berloques de estrelas, de corações ou um único diamante.

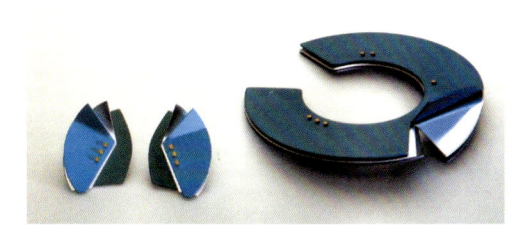

Figura 79. Desenhado por Davi Tisdale em 1983, conjunto de bracelete e brincos em alumínio anodizado. O bracelete mede 4 cm × 9 cm.

A década de 1970 pode ser considerada o único período da história em que a ornamentação com joias genuínas esteve fora de moda. As peças usadas eram confeccionadas em resina plástica, seguindo motivos cada vez maiores e mais ousados, mas notavelmente simples e modernos, aos quais se unia o colorido luminoso e rico dos esmaltes.

Pressionadas por essas novidades, as indústrias joalheiras do final da década de 1970 sentiram necessidade de inovar suas criações. Também surgiu a preocupação com a qualidade e a aparência da joia de imitação, revitalizando-a e tornando-a singular, após tantos anos de marginalidade.

O novo design de joias não seguia regras estabelecidas: podia exibir a liberdade, o movimento, o caótico, o explosivo; foram utilizados temas, texturas, formas orgânicas; houve preocupação com o científico, com base na natureza; entretanto, de alguma maneira, esse design parecia antinatural – era a chamada "estilização".

A joia podia assemelhar-se com a superfície misteriosa da lua, com a explosão das estruturas moleculares, com o caldeirão de óleo borbulhante, ou com metal fundido, ramos empilhados, elementos do mar ou das árvores (Figura 80). O estilo era frágil; sua maior inovação estava no uso de minerais naturais, cristais

Figura 80. A pulseira, em prata e pérolas, mostra o estilo individual da artista Gerda Flockinger. Em um ensaio de inspiração Art Nouveau, foram derretidas folhas do metal e os fios fundidos.

escarpados de ametistas ou esmeraldas, quartzo rolado e brilhantes turmalinas, peridotos e topázios. O trabalho em ouro era pesadamente texturado: pepitas semifundidas, madeira lavrada, formações de pedras áridas, incrustações. Foi enorme o impacto das novas ideias. Foram feitas até joias de imitação no novo estilo, sem grande sucesso comercial, mas estava aberto o caminho para as joias com que a mulher poderia adornar todos os seus diferentes papéis na vida.

No final dos anos 1970 houve um *revival* Art Déco, que conduziu o design a características aerodinâmicas, aproximando-se do desenho mecânico.

Nos típicos colares da década de 1970, lá estava o plástico preto, com correntes de metal dourado, ou o verde, imitando jade, ou o turquesa, pretendendo o azul luminoso do verão; e os materiais foram utilizados seguindo, como motivo principal, formas geométricas, com extremidades suavemente arredondadas. Uma versão de verão, por exemplo, poderia consistir em pendente quadrado, verde-jade, preso a contas de vidro, com aplicações orientais. Os esmaltes tornaram-se mais exuberantes, assim como as proporções dos conjuntos de joias.

Já as mulheres executivas, interessadas no poder, vestiam-se com a beleza da maciez e do brilho; coordenado, um acessório bonito tinha papel importante.

Figura 81. Pulseira e anel, ambos com cabeças trocáveis, criados por Paul Derrez (Holanda, 1977), em prata e acrílico.

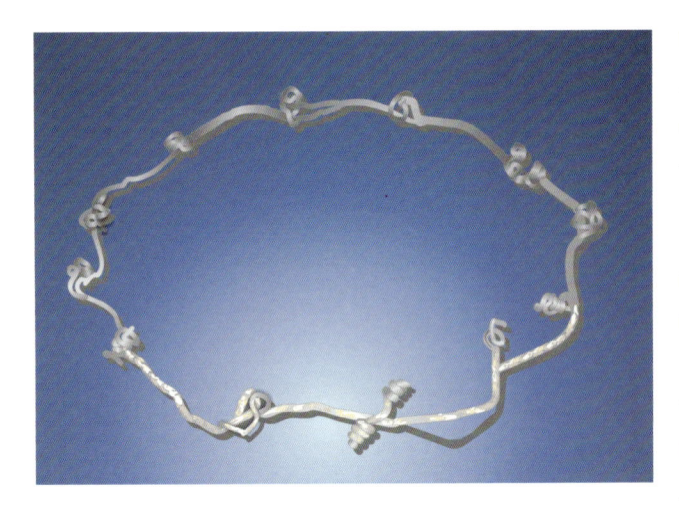

Figura 82. Colar em prata, de inspiração *punk* (arame farpado).

Elas ousaram no vestir, para obter sucesso no mundo masculino, que rejeitava qualquer sinal óbvio ou símbolo de feminilidade (Figura 81).

A história dos adornos nos anos 1970 não estaria completa sem uma menção à moda passageira do *punk*, o movimento antitudo, que contribuiu com uma imensa variedade de joias populares com sugestões violentas – arames farpados, pregos. A agressão flagrante do movimento refletiu-se na valorização do desvalorizado, do repelente, feio, antiornamental, que eram claramente antibeleza (Figura 82). Correntes de bicicleta foram enroladas nos braços, pernas ou pescoços; broches e brincos levaram a forma de lâminas de navalha ou cruzes de ferro; alfinetes de segurança foram fixados por toda parte, das roupas ou do corpo. Cravos de metal decoraram roupas pretas, e pulseiras de couro foram utilizadas como emblemas adicionais de violência.

Em contrapartida, nos anos 1980, houve uma grande onda romântica, como se o casamento da princesa Diana com o príncipe Charles trouxesse de volta os romances da Coleção Rosa, os contos de fada. E as mulheres voltaram-se para joias que incluíssem fascinação imediata, inteligência e excitação. Era como vestir seus humores com as roupas e as joias dos vários papéis da vida. Mas onde ir buscá-las?

Para isso, é necessário fazermos um pequeno retrospecto. Em 1961, a Companhia de Worshipful de Ourives havia apresentado, em Londres, para milionários influentes, uma exposição de joias modernas e revelou o potencial do design de joias como veículo de expressão artística. A exposição, organizada por Graham Hughes, foi significativa, na medida em que chamou a atenção para a joia, encorajando novos desenhistas e artistas de outras áreas de design decorativo a se aventurarem, na transição para os anos 1980, como designers de joias. Entre os líderes do novo movimento estavam Andrew Grima, John Donald, David Thomas, nomes de sucesso no setor.

O crescimento meteórico na indústria da joia de imitação, entretanto, só ocorreu mesmo depois de 1981, após o grande abismo criado, na década de 1970, entre a joia preciosa e a de imitação, então considerada – como diriam na época: "sem grilos" – um substituto barato e alegre da joia genuína. E o comércio dos acessórios, no geral, tornou-se mais saudável. A joia de imitação e a bijuteria melhoraram em qualidade, e seus preços subiram vertiginosamente.

Vários fatores propiciaram a mudança de comportamento. Os anos 1980 trouxeram uma liberdade nova à joia e intenso interesse por adornos e feminilidade. O olhar do "novo romantismo" pode ser, como já dito, representado pelo casamento do Príncipe de Gales com a princesa Diana, na Inglaterra, em 1981, que passou a servir como parâmetro à moda popular, da mesma maneira que Alexandra, também princesa da Inglaterra, servira um século antes. A presença da nova Princesa de Gales teve efeito de longo alcance na moda, pois as mulheres jovens passaram a imitá-la, usando blusas brancas com colarinhos altos e babados, vestidos estampados com bolas enormes, vestidos tomara que caia extravagantes, nada modestos. As joias eram necessárias para complementar o novo modo de vestir. A princesa Diana começou usando as joias da Coroa, mas acabou introduzindo diferentes estilos, que refletiam leveza e romantismo. Estilo muito enaltecedor e feminino, que durou vários anos.

Outra marca da época foi a grande paixão por pérolas com variações constantes nas cores e formas. Pérolas de água doce. Falsas pérolas, lustrosas e convincentes, características de toda e qualquer coleção de joias de imitação. Colares curtos, com um diamante central; e borboletas, flores e toda gama de elementos da natureza. Durante os anos 1980, as melhores pérolas falsas vieram do Japão, de Hong Kong e da Espanha. Henkel & Grosse produziram suas próprias pérolas em fábrica no Sul da França. As contas eram feitas por máquina ou – caso das pérolas barrocas – modeladas à mão.

Reais ou falsas, as pérolas lustrosas induziam ao romantismo. Havia no ar excitação dramática e fascínio, como o retorno à feminilidade e à sensualidade das estrelas de cinema. Nessa época, Madonna estremecia o mundo com sua sexualidade. Astuta, ela exagerava a extensão da feminilidade e seu erotismo, com roupas dramáticas, maquiagem, deliciosas (e ecologicamente incorretas) peles de animais e joias.

Joias de imitação integram uma fatia desse mundo fictício. As mulheres as descobriram e passaram a se enfeitar, de maneira exagerada, com diamantes falsos, desvalorizando a nobreza do pequeno diamante genuíno. A ênfase dada à joia, subitamente, mudou; o propósito original de servir como adorno elogioso foi redescoberto; deixou de ser um simples veículo para exibir valor intrínseco. As mulheres começaram a comprar joias de imitação e bijuterias como sinal de capricho no vestir, disposição de espírito ou para participar de ocasiões especiais. O vestir-se a rigor desfrutava um novo momento de popularidade. O faiscante entrou em moda, não só nas joias, mas também em tecidos como o tafetá de seda e o lurex.

Ao mesmo tempo, o custo de comprar, manter e assegurar joias verdadeiras ficou proibitivamente alto – e, ao subirem as taxas de criminalidade, tornou-se desaconselhável exibir joias com pedras preciosas.

Basicamente, o mercado foi dividido entre joias genuínas (em pequena porcentagem) e bonitas cópias de joias preciosas, ornamentos caprichosos para valorizar a feminilidade. As joias de imitação artificiais copiaram a brilhante realidade italiana, cujo mercado era dominado por Bulgari, em Roma. Foi Bulgari quem direcionou a moda para o *clean*, o despojado, e para as peças sem garras, o *pavé* de diamantes em estilo jovem, mais leve. Sua coleção de 1987 incluía versões atualizadas das joias com moeda, e combinou longos fios de pérolas e diamantes. Ele e Michael Grosse, de Henkel & Grosse, admiraram, particularmente, o estilo reconhecível de Marina B, a irmã de Bulgari, que criou um estilo de joias forte e chique, combinando cores e texturas notáveis.

Fábricas anônimas ao redor do mundo – em Londres, Nova York, Hong Kong, Tailândia, Milão e Valença – superaram, pela alta qualidade, o *look* das joias de nomes tradicionais. Na Grã-Bretanha, a empresa de Attwood & Sawyer produziu algumas das melhores e mais elegantes joias de imitação. Empregava os desenhistas em tempo integral e, como muitos outros fabricantes, usou o metal branco com banho de ouro de 22 quilates.

Como vimos até aqui, o fazer joias teve muitas configurações no decorrer da história. E, desde o final dos anos 1990 e o começo de 2000, na entrada no século XXI, é considerado inovador aquele artista que concilia valores de arte e individualismo com as inquietações da moda, do comércio e da indústria, estabelecendo-se no mundo da arte. A natureza e o papel da joalheria foram reavaliados. O significado e o propósito da joia para o mundo atual foram redefinidos, e essa redefinição, ao lado das novas tendências, regenera e revaloriza antigas produções.

Para os joalheiros contemporâneos, é necessário ter conhecimento da arte e da técnica, mas um padrão ou convenção únicos não é o objetivo principal do ofício. Entre os atuais artistas-joalheiros (como são denominados), estão incluídos aqueles que foram treinados na arte da joalheria clássica e que buscavam descobrir, comunicar sua singularidade, usando os processos de fabricação aprendidos em objetos por eles confeccionados. Essa prática talvez explique por que a maioria dos joalheiros tenha conservado os seus cadernos de esboços, modelos ou peças de ensaio.

O BRASIL NO CONTEXTO DA JOALHERIA CONTEMPORÂNEA

De forma cômoda e sem particularidades, até os anos 1980, o Brasil e suas indústrias joalheiras acompanhavam as tendências das joias internacionais, pois o que aqui se fazia era copiar peças que, de alguma forma, já estavam consagradas em outros países.

Tecnologicamente, as indústrias brasileiras equiparavam-se às de países do Primeiro Mundo, mas não investiam na formação de profissionais que conseguissem operar essa tecnologia, pois, na indústria joalheira do Brasil, os profissionais quase sempre tinham baixa escolaridade e, ainda hoje, em sua maioria, ou são formados dentro da própria indústria, ou aprendem a profissão com o pai, ou são treinados em apenas um segmento de trabalho específico.

Por serem em sua maioria cópias, até o final dos anos 1990, as joias brasileiras, em sua maior parte, ao serem comparadas com as joias dos países do Primeiro Mundo, eram consideradas de categoria inferior: primeiro, pela falta de originalidade; e, segundo, pela má qualidade no que diz respeito à confecção e ao acabamento.

Ao considerar mais econômico copiar designs de revistas estrangeiras, a indústria nacional demorou em aderir às vantagens de manter um designer para criar peças exclusivas, pois até então não se valia da qualidade das pedras, das lapidações ou do acabamento (e os preços finais eram altos por causa dos impostos); enfim, ela agia como se o consumidor brasileiro não fizesse exigências.

Mas a abertura do mercado às importações possibilitou comparar peças e preços, e o mundo da indústria joalheira nacional teve de começar a mudar. Para enfrentar a concorrência, fez-se necessária a aquisição de *know-how*, como:

- tecnologia própria;

- materiais próprios;

- soluções plásticas próprias;

- relações estéticas autênticas.

Tais necessidades geraram outras, como a qualificação na formação dos profissionais modelistas e designers, a ampliação do conhecimento – não só dos conceitos, mas também dos processos de produção, incluindo o domínio dos recursos tecnológicos, de representação gráfica e de produção – e a reciclagem constante de conhecimentos gerais, culturais e

Figura 83. Peça Berimbau, em ouro, diamantes e pérolas, confeccionada pela joalheria Dryzun para concorrer ao prêmio *Tahitian Pearl Trophy 2001*.

das tendências do mercado: o econômico e o estético, sem esquecer o ético e o ecologicamente correto (Figura 83).

Esse *know-how* de modelistas e designers tem como meta atingir o padrão de qualidade e produtividade total no âmbito da indústria. Para a indústria, a fim de ter sua qualidade reconhecida, a joia deve seguir o padrão universal. Já na joia artesanal, o artista nobilita o material trabalhado, e a exclusividade agrega-se ao valor da peça. Na indústria, o design valoriza a joia, mas esse valor dilui-se pelo número de exemplares do modelo. A fidelidade ao protótipo deve ser considerada, na indústria, fator de qualidade, ao contrário da proposta artística da joia artesanal, na qual as diferenças é que caracterizam a qualidade (Figura 84).

Figura 84. Brinco em ouro, pérola negra e pérola creme. Peça da coleção *Mãe*.

No Brasil, dada a diversificada riqueza geográfica, mineral e vegetal, os profissionais da criação, nas mais diversas áreas, qualificam-se pela multiplicidade de expressões, seja na concepção, na criação ou na produção de joias.

Nos países industrializados, entretanto, a preocupação maior se concentra na obsessiva busca de uma identidade em suas produções. O Brasil, no caminho em busca da industrialização internacional, também se engaja em programas visando ao reconhecimento e à valorização dos seus produtos no mercado

Figura 85. Anel em ouro com ametrino em lapidação especial. Design de Cathrine Clarke.

mundial, mas, para ter maior sucesso, o país deve privilegiar, em qualquer desses produtos, aspectos que englobem as qualidades exigidas pelo consumidor e que apresentem identidade própria.

Ao final dos anos 1990, tem início no Brasil uma grande preocupação por parte dos designers em identificar, nas joias comerciais, a sua *brasilidade*. Assim, é nas joias artesanais e nas joias feitas para concursos que se encontra o campo de atuação do *designer* brasileiro. É aí que se pode apreciar a criatividade, a ousadia, o espírito precursor – no uso, na forma, na escolha dos materiais e de sua natureza.

A partir do final dos anos 1980, nos concursos de joalheria internacionais, eleva-se surpreendentemente o número de concorrentes brasileiros e a frequência em que comparecem como finalistas, com trabalhos de altíssima qualidade, grande criatividade e habilidade nos recursos técnicos. Esses concursos têm mostrado ao mundo o potencial criativo do designer brasileiro e, de certa forma, têm aberto caminho para esses profissionais, despertando na indústria a necessidade de contratá-los, para definir o perfil da empresa.

O design brasileiro e os concursos de joalheria no mundo

Alguns grupos vêm promovendo eventos e, principalmente, concursos nacionais e internacionais que colocam em evidência, no mundo inteiro, as joias, os designers e a indústria joalheira do Brasil.

A seguir, enumeramos os maiores concursos que, no nosso entender, de forma positiva, expuseram o designer brasileiro para o mercado externo:

- Anglogold: organiza concursos de joias somente em ouro.

- Centro de Informações de Diamantes da De Beers: promove concurso mundial, bienal, de joias com diamantes.

- Instituto Brasileiro de Gemas e Metais (IBGM): promove concursos nacionais de joias industriais e é parceiro do *World Facet Award*.

- *World's Best Jewelry Designer* – Rosa Okubo & Alcatel Telecom: concurso voltado exclusivamente à criatividade do designer, sem nenhum tipo de restrição. Premia o criador da joia mais original, de maior qualidade e adequada à moda e ao uso.

- *World Facet Award 2000*: concurso de grande importância, direcionado ao design de joias com gemas coloridas.

- *Tahitian Pearl Trophy – Brasil*: tem como objetivo divulgar a beleza das pérolas taitianas e promover, internacionalmente, por suas joias, designers brasileiros, seu talento e sua criatividade.

Prêmios nacionais

O IBGM e as entidades estaduais da classe, com o apoio do Conselho Nacional de Desenvolvimento Científico e Tecnológico (CNPq), idealizaram e implantaram o Núcleo Setorial de Design (NSD).

O NSD é o órgão operacional do subprograma Design – Gemas e Joias, do Programa Brasileiro de Design (PBD), coordenado pelo Ministério do Desenvolvimento, Indústria e Comércio Exterior (MDIC). Seu objetivo é criar condições favoráveis para que o design de joias se constitua em favor da diferenciação do produto brasileiro, incorporando criatividade, qualidade e produtividade. Diversas atividades estão sendo desenvolvidas diretamente ou com o apoio do núcleo, em vários estados e no exterior, com o objetivo de fortalecer o desenho de gemas e joias, integrando o designer com o setor industrial. Entre elas, destacamos o *Prêmio IBGM de Design*, o apoio aos prêmios estaduais, mostras e exposições de desenhos nas principais feiras do setor, catálogos promocionais, apoio a cursos e seminários, e oferecimento de consultorias especializadas.

O *Prêmio IBGM de Design* visa ao incremento do design brasileiro de joias e, nos últimos anos, tornou-se um poderoso instrumento de incentivo e avaliação de novos talentos, promovendo trabalhos dos expoentes do design de joias no Brasil. A intenção do prêmio implica promover o desenvolvimento da "marca Brasil", para que represente um ponto de diferenciação no mercado internacional.

Desde que foi criado, em 1990, o prêmio tem a missão de proporcionar maior reconhecimento, por parte da indústria joalheira, do desenho industrial e promover maior conscientização a respeito do design, como um grande fator de diferenciação do produto, abrindo oportunidades para a valorização do profissional, a consequente ampliação do mercado de trabalho e a melhoria da joia brasileira.

Nas versões que se sucedem desde 1990 até 2006, para garantir a qualidade e o aprimoramento contínuo, o prêmio passou por várias modificações em sua estrutura. Algumas dessas mudanças foram:

- Prêmios IBGM de 1990 até 1995: existiam duas categorias, a *Profissional* e a *Novos talentos*.

- Prêmio de 1996: foi incluída a categoria *Peça do autor*.

- Prêmios de 1997 e 1998: todas as categorias foram substituídas por *Joias de produção industrial e artesanal*, permanecendo dessa forma só até o ano de 1998.

- Prêmio de 1999: foram implementadas as categorias *Obras em pedra de produção artesanal* e *Obras em pedra de produção industrial*.

- Prêmio de 2000 – *X Prêmio IBGM de Design*: houve uma grande mudança relacionada à participação no prêmio, que foi dividido em duas etapas – na primeira etapa, os prêmios estaduais; e, na segunda, o *X Prêmio IBGM de Design de Joias* e o *II Prêmio IBGM de Obras em Pedras*. Participaram da segunda etapa apenas os desenhos classificados em primeiro lugar (de cada categoria ou subcategoria dos prêmios estaduais), mas, desta vez, com peças confeccionadas.

  As categorias e subcategorias foram:

  - joias de produção industrial, com subcategorias relativas a custos;

  - joias de produção artesanal;

  - obras em pedra, de produção industrial;

  - obras em pedra, de produção artesanal.

Desde a versão de 2004, o concurso vem fazendo propostas temáticas, e cada tema é hierarquizado por categorias de experiência.

Prêmios internacionais

O concurso *World Facet Award* (2001), que teve como promotor a Signity e como parceiro o IBGM, e ainda, como patrocinadores, também a Fiera di Vicenza e a Body Gem.

O julgamento do concurso na fase americana – *American Facet Award 2001* – foi realizado nas dependências da Swarovski, em Nova York.

O corpo de jurados, composto de 11 membros, examinou 213 joias da categoria *Exclusivo*, 73 da *Brilhante* e 76 desenhos da *Estudante*, dando pontos que variavam de 0 a 10 para cada um dos itens: originalidade, contemporaneidade, adequação ao tema – *Mar de Luzes* – comercialidade e acabamento (cravação, técnicas especiais, polimento, entre outros).

Concorreram obras de designers dos Estados Unidos, do México, do Chile, da Colômbia, da Costa Rica, do Canadá, da Argentina e do Brasil.

Foram selecionados, no total, 47 trabalhos, das três categorias, sendo definidos os três primeiros lugares para cada uma delas. Os selecionados, incluindo os primeiros colocados de cada categoria, concorreram ao Prêmio Mundial – *World Facet Award 2001* –, realizado em novembro, na Itália, juntamente com os trabalhos classificados nas fases da Europa e da Ásia.

Na primeira etapa, os designers brasileiros conquistaram os três primeiros lugares da categoria *Brilhante*, o primeiro e o terceiro lugares da categoria *Exclusivo* e o segundo lugar da categoria *Estudante* (peça confeccionada pela Swarovski).

O *design* brasileiro foi premiado: seis dos nove trabalhos escolhidos eram de designers nacionais; e esteve presente com 22 trabalhos entre os 47 finalistas, mostrando que, ao colocarmos nossa competência e estilo para serem examinados pelos designers e joalheiros estrangeiros, o resultado é excepcional. Note-se que, na fase internacional, participaram do *World Facet Award* todos os designers classificados nas categorias *Exclusivo*, *Brilhante* e *Estudante*, dos prêmios da América, da Ásia e da Europa (Figuras 86, 87 e 88).

Figura 86. Categoria *Exclusivo*. 2º lugar – Eliana Gola (Brasil).

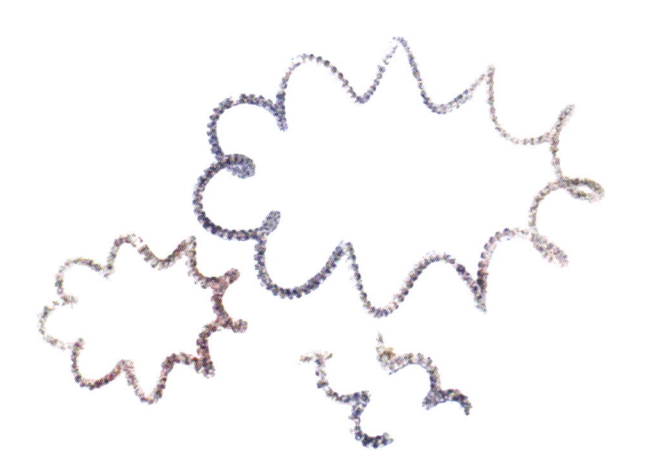

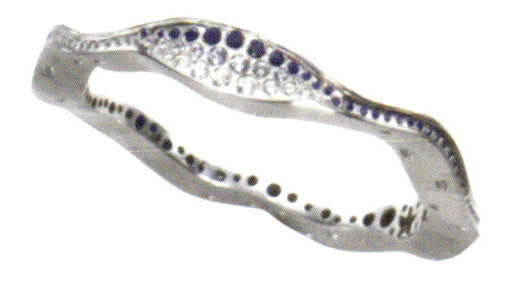

Figura 87. Categoria *Brilhante*. 1º lugar – Licentto Sri (Itália). Design de Soren Giuliodoro.

Figura 88. Categoria *Brilhante*. 2º lugar – Carla Moreira (Brasil).

Figura 89. Categoria *Estudante*. 2º lugar – Ludmila Valente Fraga (Brasil). *Treasure of the Sea / Tesouro do Mar*. Colar em platina, diamantes e topázios. O colar é formado por estruturas de platina com diamantes, intercaladas por bolas de cristal com água e dois topázios lapidados no seu interior. As bolas de cristal com água representam o mar, e as pedras quando vistas dentro da água dão a impressão de serem muito maiores do que realmente são. Essa brincadeira com a água no cristal cria uma ilusão de óptica na peça muito interessante. As estruturas de platina e diamante dão movimento ao colar e representam as ondas dos mares. A peça foi considerada um desafio pela Swarovski, onde foi produzida, por ter sido necessária uma inovação tecnológica dentro da indústria para ser fiel à concepção do desenho.

Figura 90. *H_2O*, pingente em ouro branco, águas-marinhas e diamantes. Design de Thales Pereira.

Figura 91. *Gotahiti*, pingente finalista na categoria *Conjunto* do *Tahitian Pearl Trophy 2003-2004*. Design de Thales Pereira, patrocínio de Rosa Okubo. Ouro branco e duas pérolas de 10 mm de cultura do Tahiti.

Com o prêmio *World's Best Jewelry Designer*, patrocinado por Rosa Okubo e pela Alcatel Telecom, o fechado mundo da alta-joalheria realizou, em 1996-1997, pela primeira vez no Brasil, uma festa internacional para a premiação dos melhores designers do mundo. Vieram concorrer ao título de *World's Best Jewelry Designer* os melhores designers da Europa, da Ásia, da América e, em particular, do Brasil.

Para eleger o melhor designer do mundo – da Europa, da Ásia e das Américas –, o júri, composto de personalidades de destaque de várias áreas, avaliou os desenhos e, posteriormente, as joias, sob os seguintes aspectos: originalidade, harmonia das formas, criatividade no uso de pedras e materiais preciosos, impacto visual e adequação ao uso e à tendência atual, além de beleza estética, apresentação da joia e comercialidade da peça. Concorreram 340 designers e, dos três vencedores, o Brasil obteve o 2º lugar.

Já o centro de informações de diamantes da De Beers promove, a cada dois anos, um concurso internacional – o *Diamonds International Award –,* em que, a partir de 1989, o Brasil passou a se destacar.

Em 1989, 2 mil designers do mundo inteiro participaram desse concurso, e apenas trezentos foram finalistas. Apenas como exemplo da participação dos *designers* brasileiros: o Brasil enviou 87 desenhos, e 37 deles foram classificados para a final. No concurso como um todo houve trinta vencedores, representando treze países; e o Brasil teve um vencedor.

Na versão de 1998, participaram 2.228 designers do mundo. O Brasil enviou 83 desenhos, e 181 foram finalistas. Destes, dezenove eram brasileiros. Dos 25 vencedores, um era brasileiro (Figuras 92 a 97 são de joias premiadas em concursos).

O Centro de Informações de Diamantes da De Beers também promove o Designer Forum, concursos e encontros nacionais.

Figura 92. 1966 – Vencedor: Marcel King por Amsterdam Sauer.
Anel *Constellation* em ouro amarelo com brilhantes.

Figura 93. Anel premiado em 1º lugar no *Tahitian Pearl Trophy 2006*. Design de Carla Abras, com patrocínio de Manoel Bernardes.

Figura 94. Brincos de ouro branco e amarelo com topázios azuis e pérolas de cultura do Taiti. *Tahitian Pearl Trophy 2005-2006.* Design de Carla Abras, com patrocínio de Manoel Bernardes.

Figura 95. Anel em ouro, prata com paládio e ametrino com lapidação especial. Design de Cathrine Clarke.

Figura 96. Pulseira Luna, em ouro amarelo, ouro branco e diamantes. Design de Iany Inoue, 1992, com patrocínio da Amsterdam Sauer. Prêmio *De Beers Diamonds International Awards*.

Figura 97. Joia de múltiplo uso, *Loving Energy*, feita de fibra ótica, ouro branco e diamantes. Design de Andree Guittcis. Honra ao Mérito no concurso *Jewelry International Design Competition*, Tóquio, 1998.

Figura 98. Peça Satélite, classificado na categoria *Conjunto* do *Tahitian Pearl Trophy*. Design de Eliana Gola para a Dryzun.

O concurso *Tahitian Pearl Trophy Brasil* tem como objetivo divulgar a beleza das pérolas taitianas e promover internacionalmente a criatividade e o talento dos designers brasileiros. Esse concurso conta com a participação de dezessete países e centenas de designers e joalheiros, sendo dividido em duas fases: a nacional e a internacional (Figura 98).

O design brasileiro e a moda

Em todas as épocas, existiram diferentes estilos convivendo simultaneamente, mas nunca tantos e tão diversos como atualmente. Hoje, criar joias para o público em geral permite praticamente tudo: do clássico ao mais arrojado.

A moda, segundo Gillo Dorfles, não denota, apenas, um dos mais importantes fenômenos sociais e econômicos do nosso tempo; é também um dos padrões mais seguros para medir as motivações psicológicas, psicanalíticas e socioeconômicas da humanidade.

Ao analisar as atitudes da humanidade em relação a esses acontecimentos, notamos o quanto a aparência (exterior) está atrelada às nossas ideias (interior). Postura física, penteado, indumentária e acessórios vêm a ser a linguagem que informa o grupo e o momento a que pertence o indivíduo.

De maneira geral, no século XX, as mudanças marcantes de comportamento e da moda respeitaram o tempo de uma década e, especificamente nos últimos 30 anos, tivemos o surgimento das *tribos urbanas*, ressaltando-se que nos anos 1980 nasce a necessidade da identificação individual com o grupo. Na década de 1990 essas tribos timidamente se miscigenaram, dando lugar à customização como reação à ditadura da moda.

Por exemplo, a era vitoriana, na moda, impôs que se cobrisse o corpo todo, sobrepondo camadas de roupas, coletes, colares, chapéus. Numa análise superficial da moda contemporânea, pode-se ver, de forma clara, essas influências nas ruas. Também se podem reconhecer outras tendências mundiais recuperadas, como na moda chamada "romantismo *hippie-folk*", que empresta elementos da estilista Barbara Hulanicki e de sua butique Biba, dos anos 1960.

Após os acontecimentos de 11 de setembro de 2001 (os atentados terroristas nos Estados Unidos), a moda passou a refletir, também, a volta do homem à sua essência, às raízes e ao natural – ou ao que assim parece. O artesanal aliado ao tecnológico – *techno city*. Enfim, nas ruas das grandes cidades, a observação das indumentárias pode contar a história atual das diversas tribos urbanas, cujos personagens propagam conceitos os mais variados, como (acerca de mulheres) sensível, forte, madura (porém eterna adolescente), estranha, bizarra, suave e intensa, *sexy,* masculina e feminina, simultaneamente e em quaisquer combinatórias imagináveis: tudo é possível.

Na segunda década do século XXI, vive-se a moda com muita liberdade. Nada é imposto e podemos usar o que combinar com o nosso estilo pessoal. Procuramos

– e optamos – dentre os objetos de moda aqueles que mais condizem com a nossa personalidade. Assumimos nossa multiplicidade e nossas contradições. Não há alguém que seja apenas clássico; haverá momentos que esse alguém poderá ser esportivo também. Não se mantém um padrão.

Hoje já conseguimos imaginar um mundo sem água, sem verde, como concretização das piores previsões formuladas no século passado. "Sustentabilidade" passa a ser a palavra de ordem tanto na indústria quanto na esfera social. A moda, como manifestação dos anseios individuais neste *mix* de tendências, passa também a refletir esta postura.

A joia deste período segue a tendência: podemos usar o que mais nos agrada no momento, podemos misturar ouro e prata, joia e bijuteria ou joia folheada, gemas de todos os tipos. Tudo depende da imagem almejada, da mensagem que queremos passar.

No século XXI, a joia, mais do que nunca, representa um emblema do seu usuário, repleta de simbologias e significados.

Terceiro Milênio

Uma projeção do futuro

Nas primeiras duas décadas do século XXI, a tecnologia modificou tanto o comportamento da sociedade em geral, a ponto de não lembrarmos como era viver sem ela. Tornou-se um dos temas mais estudados no mundo contemporâneo em todas as áreas do conhecimento e das artes, não apenas como tópico de debate, mas transformando a ação humana e os objetos produzidos.

Compreendemos no passado a distinção entre natureza e máquina, atualmente as diferenças ganharam contornos bem mais imprecisos e as ideias que figuravam na literatura ficcional passaram a integrar o cotidiano das civilizações.

As novas possibilidades de acesso à informação influenciam a interação entre as pessoas no que diz respeito tanto à comunicação, modificando-a ou criando novas formas, como às relações sociais, profissionais ou pessoais. A tecnologia proporcionou mudanças significativas também na relação do consumidor com as joias. O mercado tem possibilidade de oferecer designs mais complexos, arrojados e de alta qualidade, inovando e aumentando a variedade de produtos.

Surgiram joias que adotam um novo papel, que vão além de seu valor simbólico ou de comunicar a personalidade de seu usuário ou, ainda, de simplesmente adorná-lo. As *joias inteligentes* são agora acessórios que ajudam a organizar a vida pessoal. Alguns exemplos são os anéis e as pulseiras conectados ao dispositivo portátil que acompanha atividades físicas, controla a respiração e ainda atualiza acontecimentos da mídia social, criação da marca Ringly.

A marca Bellabeat criou o pingente Leaf Nature, no formato de folha em madeira e detalhes em metal dourado ou prateado, que pode ser usado como colar, pulseira ou broche e também é conectado a um aplicativo que monitora atividades físicas, energia gasta ou horas dormidas. Da marca, ainda há os braceletes WiseWear, desenvolvidos em parceria com Iris Apfel, ícone de estilo da terceira idade. Com banhos de ouro amarelo, rosé e ródio, acusam o recebimento de ligações, mensagens e *e-mails*, enviam lembretes e monitoram o nível de hidratação. As pulseiras da joia têm função emergência – um toque e elas enviam um sinal para os contatos pré-programados.

Quanto ao setor comercial, pesquisas mostram que o mercado de joias *on-line* vem crescendo muito. Essas tendências de crescimento devem-se a fatos como varejistas de joias adotarem o *e-commerce* como um importante canal de vendas e publicidade e o surgimento das novas ferramentas tecnológicas que colaboram com a experiência do cliente. De acordo com uma pesquisa da consultoria Bain & Company, as vendas *on-line* de mercado de luxo, que engloba produtos como bolsas, joias, vinhos e sapato, podem representar 30% do mercado até 2025.[1]

---

[1] CNN Brasil, Vendas *on-line* de produtos de luxo crescem durante a pandemia. 2020. Disponível em: https://www.cnnbrasil.com.br/business/vendas-online-de-produtos-de-luxo-crescem-durante-a-pandemia/. Acesso em: 30 set. 2021.

A transição dos costumes

Pandemia

No final de 2019, vivemos uma grande crise que revolucionou o mundo. Em menos de três meses o agente patogênico Sars-Cov-2 colocou o mercado financeiro mundial em alerta, desacelerou a economia global, modificou os hábitos cotidianos, reavivou medos ancestrais e pôs em xeque os líderes do planeta.

Um minúsculo agente, com 125 nanômetros, ou seja, 0,000125 milímetro, provocou sofrimento e muitas mortes.

Esse vírus, gerador da doença covid-19, desafiou governos que se consideravam invulneráveis e poderosos e enguiçou o sistema que faz funcionar a globalização, ou seja, o comércio, as viagens e a indústria.

Ninguém sabia como agir para se proteger desse vírus desconhecido. Vários achismos se espalharam como verdades absolutas e... o mundo parou. A quarentena foi a solução que os governantes encontraram para segurar o avanço da doença que se espalhou pelo mundo com muita rapidez.

A população teve que se conformar, pois acreditava-se que seria por um curto período. Mas esse período foi se alongando e todos tiveram de encontrar meios para manter seu sustento. Trabalhar em casa, via internet, foi a solução para muitos. Escolas utilizaram-se desse recurso assim como a maioria dos escritórios. A população, não podendo mais ter contato físico em razão do contágio, passou a se relacionar virtualmente, esquecendo-se dos beijos e abraços afetuosos.

Figura 99. *Penas* – brinco ear jacket em prata com banho de ródio branco e zircônias coloridas. Design de Maurício Favacho.

Figura 100. *Colmeia* – brinco com pino anzol em prata com banho de ouro. Design de Maurício Favacho.

As chamadas por vídeo passaram a ter muita importância nas relações pessoais e comerciais, alavancando, de certa forma, a necessidade de se apresentar bem na tela do pescoço para cima. Uma blusa bonita, um belo colar e um charmoso par de brincos se tornaram indispensáveis.

A indústria e o comércio de joias, que, a princípio, se ressentiram com os *lockdowns*, voltaram aos poucos. O *e-commerce* ganhou *status* nessa área, com lançamentos exclusivos *on-line* de bastante sucesso.

Um dos pré-requisitos para a prevenção contra a pandemia é a máscara de proteção respiratória. Para as pessoas que gostam de brincos longos, isso se tornou um problema, pois os elásticos se enroscam na peça e muitos se perdem. A opção mais procurada foram os brincos pequenos para o dia a dia e os chamativos, grandes e coloridos para as chamadas com imagem.

A joia também voltou a ser a melhor opção de investimento, substituindo as viagens e os acessórios de luxo.

Até a primeira década dos anos 2000, bolsas, sapatos, carros e celulares sofisticados tornaram-se os itens preferidos, principalmente no Brasil. Nesse período, a joia perdeu parte de seu encanto, não tinha mais aquela carga emocional e não era uma forma de investimento eficaz. O romantismo perdeu o vigor, assim como as joias de ritos de passagem.

Com a pandemia e a valorização da vida, agora em risco, valores sentimentais estão retornando. Passou a ser significante contar uma história por meio da joia, presentear com um diamante eterno seu grande amor ou marcar uma etapa da vida.

Figura 101. Flutuante – anéis em prata com banhos de ouro, ródio negro e ródio branco e zircônias incolores. Design de Maurício Favacho.

Quanto à moda vigente em 2021, vale tudo! E pode ser um traço de estilo pessoal usar bijuterias de miçangas com peças em ouro e diamantes, por exemplo, mas as tendências apontam para temas da natureza e cores alegres e suaves, tudo para trazer um pouco de alegria e paz para o dia a dia.

Segundo o francês Sébastien Liron, especialista em *branding* e *customer experience*, as roupas dessa época são mais despojadas na forma e luxuosas no material, numa tentativa de voltar a valores essenciais – dar valor ao que realmente importa, após o risco de morte que a pandemia causou.

A cartela de cores escolhida para 2021 reflete o estado de espírito do momento. Segundo o Pantone Color Institute, a cor desse ano, ou melhor, as duas cores para 2021 escolhidas são: "Illuminating Yellow" e

Figura 102. Prato *Marajoara* – anéis em prata com banhos de ouro e ródio negro com zircônias coloridas. Design de Maurício Favacho.

Figura 103. Prato *Ícones* – anel em prata com banho de ouro. Design de Maurício Favacho.

"Ultimate Grey" – tons iluminados de amarelo e cinza. As duas cores combinadas expressam uma mensagem de esperança e resiliência. As cores tendência para a joalheria são mais abertas e fortes:

- tons florais como rosa, hibisco, peônia, violeta;

- tons neutros como duna, shell, manteiga;

- tons verdes de natureza e botânica.

O que o futuro nos reserva é um mistério. A pandemia mostrou que os valores essenciais não mudam, a valorização da natureza e da vida e os sentimentos serão sempre a estrutura das condutas sociais, o que nos dá a segurança de afirmar que a joia continuará tendo um papel relevante para a história humana, pois exerce uma atração no campo simbólico e dos sentidos, envolvendo, muito mais do que a vaidade, as aspirações do espírito humano.

"Este mundo resplandecente de metais e pedrarias
Arrebata-me em êxtase, e eu apaixonadamente amo
Tudo aquilo em que o som se mistura à luz."[2]

Baudelaire

---

2 BAUDELAIRE, Charles. As joias. *In*: BAUDELAIRE, Charles. *As flores do mal* (São Paulo: Penguin, 2019).

Figura 104. Satélite *Ícones* – alianças giratórias em aço com banhos de ouro amarelo, rosé, ródio banco e negro. Design de Maurício Favacho.

Aspectos da Criação: as Provocações do Mundo e o Saber Fazer

A importância do artista é o próprio artista:
sua obra, apenas o final de um raciocínio.

Walter Zanini

O mundo provoca a criação: coleções

Já se tornou um hábito, hoje, comparar a vida nas grandes cidades com aquelas da Idade Média: cidades muradas (os condomínios); tribos com características distintas; o conflito exacerbado entre o bem e o mal; excesso de regras e leis, mas pouco respeitadas; o obscurantismo e os fanatismos; o desrespeito à vida; a luta cega pela sobrevivência. Por analogia, viver como um cavaleiro medieval, numa cruzada em busca do bem (ou contra moinhos de vento), é uma característica da vida moderna.

Figuras 105 e 106. Parte do conjunto de peças desenvolvidas para a coleção *Senhor dos Anéis*, com inspirações na mitologia nórdica.

E as joias sempre refletem os acontecimentos. Podemos exemplificar isso com o sucesso da saga de J. R. R. Tolkien, *O Senhor dos Anéis*, filmada pelo diretor neozelandês Peter Jackson, numa trilogia fantástica. Uma aventura em que o herói perambula por um mundo imaginário, com pinceladas épicas, com referências à mitologia nórdica, onde convivem magos, elfos, *hobbits* e criaturas fantásticas, numa luta contra o mal absoluto (incorporado em um anel), ressaltando o fascínio exercido pelo poder: "Um anel para a todos governar, / Um anel para encontrá-los, / Um anel para a todos trazer e na escuridão aprisioná-los" (o anel, na época em que a saga foi escrita, era associado ao mal dos fascismos).

No imaginário do homem urbano contemporâneo, que tem demasiada pressa para as lições da história, relacionar o domínio e o poder a uma joia permitiu o sucesso da coleção cujo tema foi a trilogia (Figuras 105 e 106).

Mas não só a mitologia nórdica ou as fábulas medievais passaram por releitura, à maneira contemporânea, pós-moderna. A coleção *Floral,* a seguir (Figuras 101 a 108), reflete um *revival* do Renascimento, com ênfase na botânica e na joia escultural.

Figura 107. Desenhos para a coleção *Floral* da Dryzun.

Figura 108. Desenhos para a coleção *Floral* da Dryzun.

Figura 109. Desenhos para a coleção *Floral* da Dryzun.

Figura 110. Desenhos para a coleção *Floral* da Dryzun.

Figura 111. Peças desenvolvidas para a coleção *Floral* da Dryzun.

Figura 112. Peças desenvolvidas para a coleção *Floral* da Dryzun.

Figura 113. Desenhos para a coleção *Floral* da Dryzun.

Figura 114. Desenhos para a coleção *Floral* da Dryzun.

A criação se revela na reflexão do designer

A autoanálise da produção profissional permite a introspecção do processo de criação e a organização de etapas bem definidas da produção, qualificando os conceitos necessários, usados neste livro. Independentemente do aspecto analítico da produção e de seu caráter artístico-artesanal, o profissional da joalheria visa a canalizar seu conhecimento para uma produção industrial que justifique o caráter de design aplicado à produção de joias.

Nesse sentido, o primeiro impasse da reflexão foi a definição do termo *joia*, que geralmente se identifica com o aspecto nobre dos materiais usados e suas possíveis tecnologias, assim como os quesitos custo e preço, que acabam substituindo a inventividade e a fantasia.

O segundo passo foi apontar o papel do profissional de joalheria. Para isso, cabe, aqui, reproduzir o que escreveu Bruno Munari a respeito do designer, palavras que descrevem com propriedade essa sua arte:

> El proyectista es, por esto, el artista de nuestro tiempo. No porque sea un genio, sino porque, con su método de trabajo, restablece el contacto entre arte y el público; porque afronta con humildad y competencia cualquier demanda que le dirija la sociedad en la que vive; porque conoce su oficio, las técnicas y los medios más adecuados para resolver cualquier problema de diseño.[1]

Ao criar uma joia, é importante formalizar, materializar os conceitos, pois isso favorece a intervenção do artista, tornando leve, bela (plasticamente estética) a concretude dada ao efêmero, como se pode perceber na descrição das peças a seguir.

---

[1]   Bruno Munari, *El art como oficio* (Barcelona: Labor, 1968), p. 26.

A estrutura temática dessas peças está referida ao efêmero: luz, brilho, transparência, a aparência dinâmica das águas; a iridescência da bolha de sabão, da refração de luz na mancha de óleo ou na poça d'água; o espectro solar; a estranha fragilidade da teia de aranha; o orvalho depositado na folha da árvore que, com seu brilho, tenta imitar o Sol; tudo o que a natureza tem de extraordinário, das estrelas aos vaga-lumes, as imagens e os reflexos, o instante, a trama, o inusitado e o cotidiano, com sua própria fantasia. Esse universo, onírico e real, é o mundo da produção aqui exposta; organizada, sim, porém sem o intuito de restringir, pois, para dar asas à criação, é necessário *saber como fazê-lo*.

Alimentar-se da história – antiga e recente –, mas auxiliados pela apreensão crítica, reincorporando e modificando, à procura de uma identidade que defina o intuito de criar formas e conteúdo, aparência e significado. Ou seja, um estilo; ou, em uma frase, a *idiossincrasia* de cada artista.

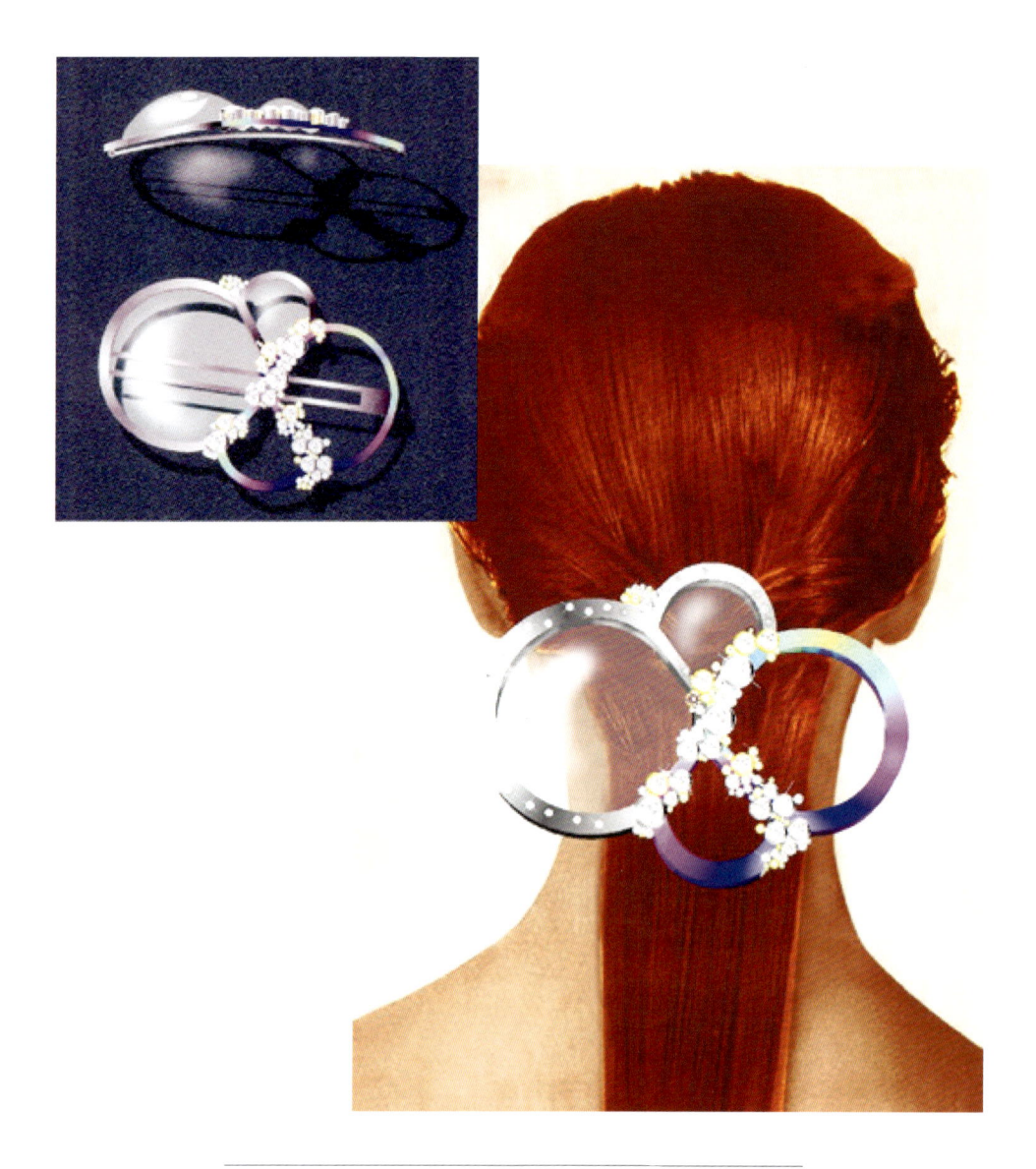

Figura 115. Presilha *Bolha de sabão*.

Ao nosso Senhor
Pergunte se ele produziu nas trevas o esplendor
Se tudo foi criado – o macho, a fêmea, o bicho, a flor
Criado pra adornar o criador.

Chico Buarque de Hollanda, *Sobre todas as coisas*

Nome: *Bolha de sabão*

Especificação: presilha para cabelo

Autoria: Eliana Gola

Destino: concurso internacional *Diamond Awards 97* – joia com diamantes – (classificado)

Joalheria: Rosa Okubo

Medidas: 7 cm × 5 cm × 1,5 cm

Matéria-prima: ouro branco 18 k, titânio, ouro amarelo 18 k, diamantes e bolhas de vidro

Técnicas de fabricação utilizadas: recorte do metal, cravação inglesa e cravação com granito

Motivo: representação de bolha de sabão quando apoiada em superfície

Justificativa: a iridescência da bolha de sabão é representada pelas cores da oxidação do titânio. O equilíbrio físico da peça entre o titânio, mais leve em relação ao ouro branco, está compensado pela distribuição dos diamantes, com cravação inglesa com ouro amarelo, encaixados no titânio. A moldura de ouro branco possibilita encaixar bolhas de vidro.

Direcionamento: a intenção da peça é eternizar o momento lúdico e efêmero da bolha de sabão, em um adorno sofisticado e original, destinado aos cabelos. A partir de uma pesquisa informal, realizada com o público feminino, para ajudar a definir usos e costumes da moda brasileira, concluiu-se que o uso de cabelos longos constitui preferência expressiva diante das tendências internacionais. Portanto, pode-se dizer que esta peça foi criada para o público feminino brasileiro. A proposta de utilizar a bolha de sabão nos cabelos apresenta o contraste entre a permanência dos cabelos e a efemeridade da bolha. Embora permanentes, os cabelos oscilam e flutuam como as bolhas, criando-se, com isso, uma analogia com a liberdade e a flutuação.

Processo executivo: peça de fabricação manual

Custo de produção: 15 mil dólares

Data: 1997

Figura 116. Par de brincos *Teia de aranha*.

É de manhã
Vem o sol, mas os pingos da
Chuva que ontem caiu
Ainda estão a brilhar
Ainda estão a dançar

Tom Jobim & Dolores Duran, *Estrada do Sol*

Nome: *Teia de aranha*

Especificação: brinco

Autoria: Eliana Gola

Destino: concurso internacional *World's Best Jewelry Designer* (1º lugar – *The Best Jewelry Designer of Brazil*)

Joalheria: Eliana Gola

Medidas: 6 cm × 5 cm

Matéria-prima: ouro branco 18 k, ouro amarelo 18 k, diamantes, pérola negra e citrinos

Técnicas de fabricação utilizadas: recorte do metal, forja a quente, cravação inglesa e cravação com granito

Motivo: orvalho refletido em teia de aranha, esticada em ramo de flor

Justificativa: brinco anatomicamente projetado para encaixar na orelha, dispensando o uso de qualquer tipo de fecho, enfeitando-a por inteiro. O orvalho na teia é representado pelos diamantes de 1,5 mm a 2 mm de diâmetro, cravados na peça em ouro amarelo recortada em forma de teia de aranha. A pérola negra e o citrino de 11 mm representam a semente e a flor da planta, assim como a carreira em *dégradé* do tamanho dos citrinos, que se encontra na parte posterior do brinco, que tem a função de brilhar e enfeitar também atrás da orelha.

Direcionamento: a peça tem o intuito de registrar os efeitos de brilho, luz e forma proporcionados pela natureza, em um adorno arrojado ao uso. É direcionada a mulheres sofisticadas e exuberantes, constituindo um enfeite para o rosto, com um citrino frontal, um enfeite para o lóbulo com a pérola negra, um enfeite lateral para a orelha com a teia e os diamantes, e um enfeite posterior para a orelha com a carreira de citrinos. Os vazados da teia não encobrem a pele, proporcionando uma certa sensualidade.

Processo executivo: peça de fabricação manual

Custo de produção: 5 mil dólares

Data: 1996

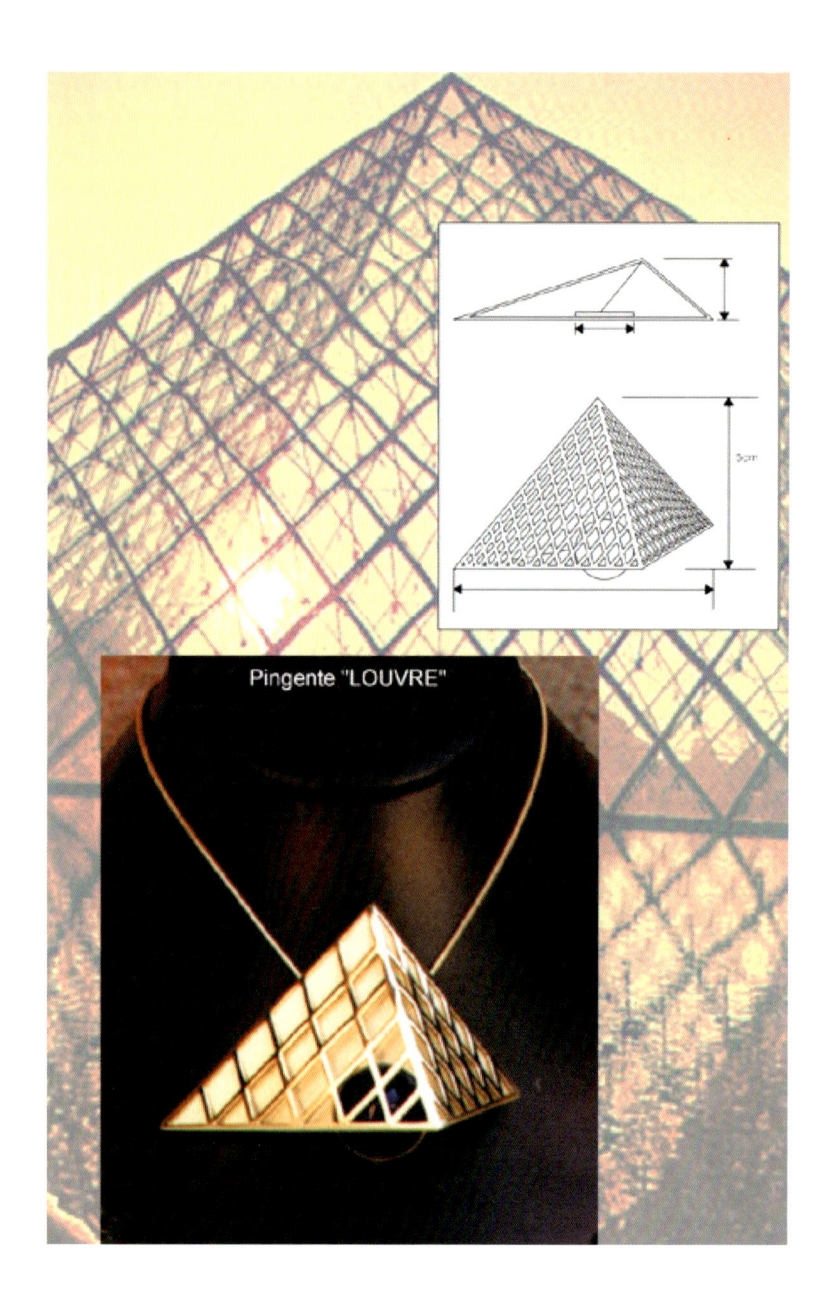

Figura 117. Pingente
Pirâmide de ouro do Louvre.

Quem me enfeitiçou
O mar marée, bateau
Tu as le parfum
De la cachaça e de suor
Geme de preguiça e de calor
Já é madrugada
Acorda, acorda, acorda, acorda

Chico Buarque de Hollanda, *Joana Francesa*

Nome: *Pirâmide de ouro do Louvre*

Especificação: pingente em ouro e lápis-lazúli e fio de ouro

Autoria: Eliana Gola

Destino: peça executada para exposição em Paris, no Museu do Louvre, em 1998

Joalheria: Rosa Okubo, Eliana Gola

Medidas: 7 cm × 5 cm × 1,5 cm

Matéria-prima: ouro amarelo 18 k e cabochão de lápis-lazúli

Técnicas de fabricação utilizadas: recorte do metal, cravação inglesa

Motivo: a estrutura arquitetônica da Pirâmide do Louvre

Justificativa: na lateral da Pirâmide do Louvre, preparou-se um *show* de luzes com as cores da bandeira brasileira. Um aspecto sutil dessa iluminação foi interpretado na peça, com a colocação do cabochão na estrutura do losango.

Direcionamento: homenagem ao evento brasileiro que aconteceu no Carrossel, por ocasião da Copa do Mundo de 1998.

Processo executivo: peça de fabricação manual com polimento eletrônico

Custo de produção: 6 mil dólares

Data: 1998

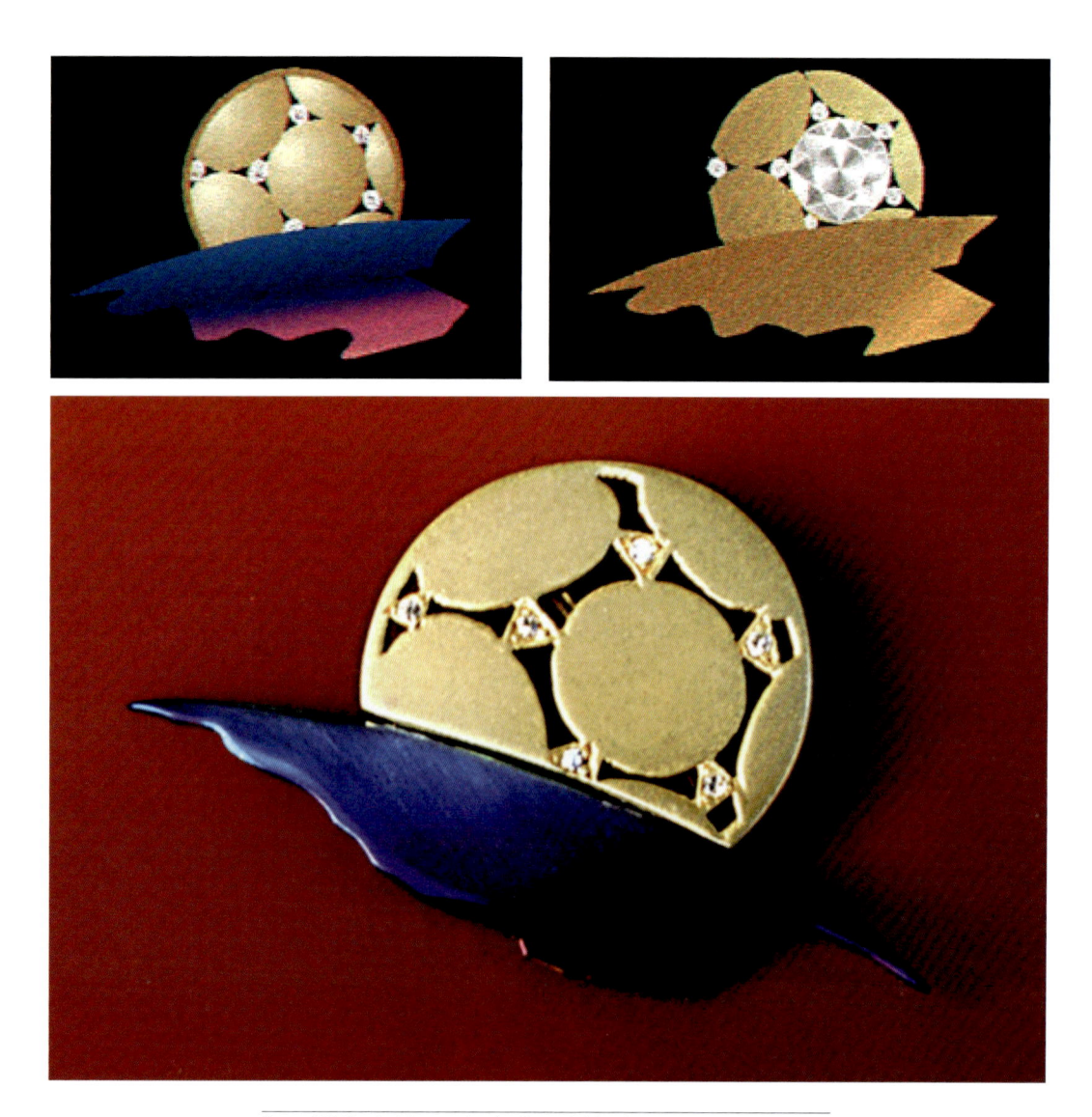

Figura 118. Par de brincos e broche *Copa do Mundo*.

Nome: *Copa do Mundo*

Especificação: par de brincos e broche

Autoria: Eliana Gola

Destino: peças executadas para exposição em Paris, no Museu do Louvre, em 1998

Joalheria: Rosa Okubo

Medidas: 5 cm × 3 cm

Matéria-prima: titânio, ouro amarelo 18 k, diamantes

Técnicas de fabricação utilizadas: recorte do metal, cravação com granito

Motivo: o logotipo da Copa do Mundo de 1998

Justificativa: os gomos da bola de futebol foram valorizados pelo ouro e marcados pelos diamantes. A complementação do logotipo foi interpretada com o titânio oxidado.

Direcionamento: homenagem ao evento brasileiro que aconteceu no Carrossel, por ocasião da Copa do Mundo de 1998.

Processo executivo: peça de fabricação manual

Custo de produção: 3 mil dólares

Data: 1998

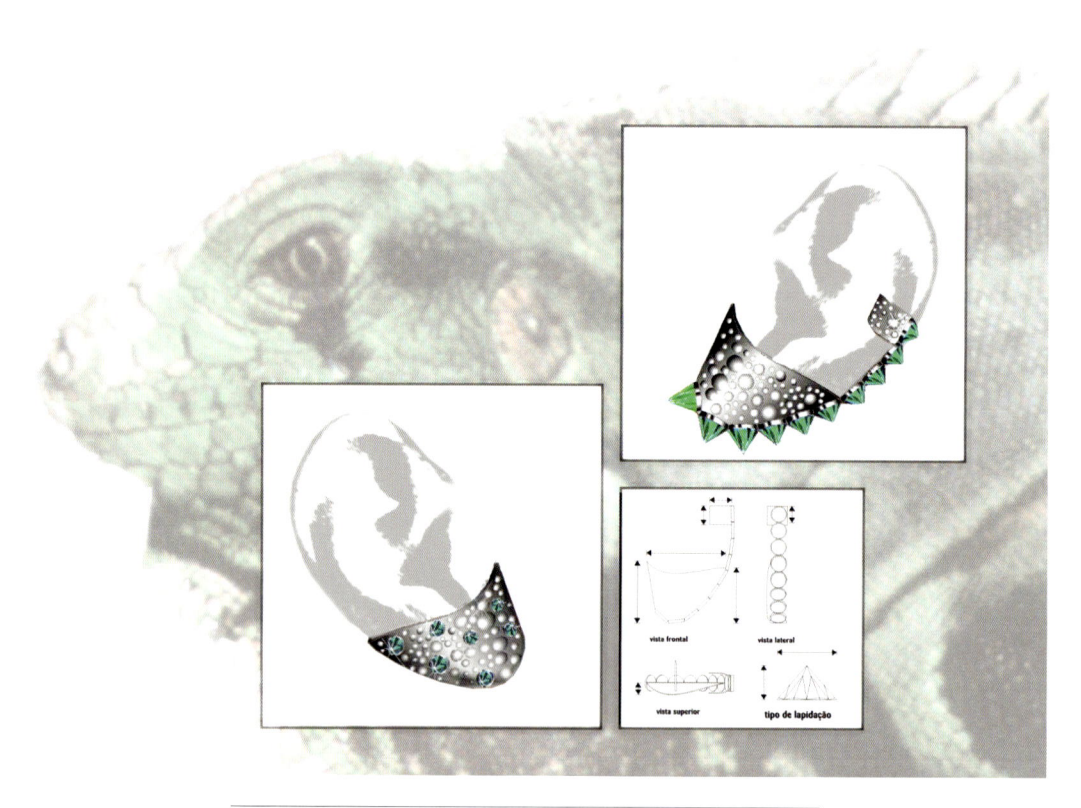

Figura 119. Par de brincos *Camaleão*.

Gosto de ser e de estar
E quero me dedicar
A criar confusões e prosódias
E uma profusão de paródias
Que encurtem dores
E furtem cores como o camaleão

Caetano Veloso, *Língua*

Nome: *Camaleão*

Especificação: par de brincos diferentes entre si

Autoria: Eliana Gola

Destino: concurso nacional – Joia de autor

Joalheria: Eliana Gola

Medidas: 3 cm × 2 cm

Matéria-prima: ouro branco 18 k e peridotos em lapidação cônica facetada

Técnicas de fabricação utilizadas: metal martelado, cravação inglesa e por trás

Motivo: aparência, textura e formas do camaleão. O aspecto de transmutação do camaleão é representado pela diferença entre os brincos.

Direcionamento: este par de brincos representa a instigante metamorfose do camaleão, usando sua cor e, principalmente, sua forma. Peça criada para mulheres que se preocupam em manter um visual moderno, especial, encobrindo imperfeições dos lóbulos das orelhas causadas pelo uso de peças pesadas.

Processo executivo: protótipo de fabricação manual, reprodução em fundição, cera perdida

Custo de produção: 1,8 mil dólares

Data: 1996

Figura 120. Colar e par de brincos *Graviton*.

Sei que a arte é irmã da ciência
Ambas filhas de um deus fugaz
Que faz num momento e,
No mesmo momento, desfaz

Gilberto Gil, *Quanta*

Nome: *Graviton*

Especificação: colar rígido com duas fileiras frontais de diamantes e hastes móveis, cravejadas de diamantes, terminadas com pérolas do Taiti

Autoria: Eliana Gola

Destino: exposição de peças com pérolas do Taiti, no Museu de Arte Moderna (MAM), São Paulo

Joalheria: Dryzun Joalheiros

Matéria-prima: ouro amarelo 18 k, diamantes e pérolas de cor preta, prata e furta-cor

Técnicas de fabricação utilizadas: chapa com galeria, cravação bigodinho

Motivo: corpos celestes (pérolas) que gravitam em torno do Sol

Justificativa: os corpos celestes são representados, aqui, por pérolas de diversas cores e tamanhos, fixadas em hastes que, por sua vez, estão presas por uma articulação à gargantilha básica. O movimento circular formado pelas pérolas sugere a força gravitacional dos planetas em torno do "Sol", o usuário.

Direcionamento: este colar apresenta pérolas que, como os planetas em um sistema solar, se submetem à atração do astro-rei. O objetivo é adornar de forma sofisticada e simples, adequando-se a todo tipo de mulher.

Processo executivo: peça de fabricação manual, reprodução parcial em cera perdida

Custo de produção: 18 mil dólares

Data: 1999

Figura 121. Anel *Hidra*.

Não existiria som se não
Houvesse o silêncio
Não haveria luz se não
Fosse a escuridão
A vida é mesmo assim
Dia e noite, não e sim

Lulu Santos & Nelson Motta, *Certas coisas*

Nome: *Hidra*

Especificação: anel solitário

Autoria: Eliana Gola

Destino: concurso *Nacional Designer Forum*, 1990

Joalheria: Antuérpia

Medida: nº 18

Matéria-prima: ouro branco 18 k e diamante lapidação trapézio

Técnicas de fabricação utilizadas: forja a quente, cravação gaveta. A quilatagem da gema e sua preciosidade exigem cuidado maior, tornando-se necessário apoiá-la em uma estrutura de ouro, invisível, localizada em seu pavilhão. Processo manual.

Motivo: o isolamento de uma pedra e sua excepcional beleza inspiraram a criação deste anel, cujo diamante apresenta a mesma transparência e reflexão das águas que rodeiam a ilha grega chamada Hidra.

Justificativa: o anel solitário leva o nome da ilha de Hidra, na Grécia, por haver uma sugestiva relação entre a solidão do diamante em meio ao metal e a intrigante configuração de uma ilha. O ouro acompanha o desenho da pedra, formando um harmonioso, belo e confortável adorno.

Direcionamento: este anel teve o objetivo de provocar impacto visual, seduzir e fascinar, com um formato diferenciado e sofisticado para a época.

Processo executivo: peça de fabricação manual, reprodução parcial em cera perdida

Custo de produção: 8 mil dólares

Data: 1990

Figura 122. Anel *Turbilhão*.

Cores imagens
Cores imagens
Cores imagens
Cores
Originais as flores demais
As cores e mais amores

Carlinhos Brown & Alain Tavares, *Perdão você*

Nome: *Turbilhão*

Especificação: anel com movimento

Autoria: Eliana Gola

Destino: *International Jewelry Design Competition 2001*

Joalheria: Dryzun Joalheiros

Medidas: 3 cm × 2 cm

Matéria-prima: ouro branco 18 k, diamantes, rodolitas, ametistas, safiras, topázios azuis, peridotos e citrinos

Técnicas de fabricação utilizadas: as gemas coloridas são fixadas no metal a pressão, mantendo a maior parte do rondiz visível; os diamantes, em cravação *pavé* geminado, para não aparecer o metal. A espiral de gemas giratórias tem seu eixo ligado à movimentação constante e gravitacionalmente livre. A textura do anel foi conseguida com a fresa.

Motivo: turbilhão das águas do mar, as ondas

Justificativa: o turbilhão movimentando o mar de luzes nas águas. O turbilhão de água, representado pela espiral giratória, proporciona um efeito multicolorido. Os diamantes sob a espiral representam as areias do fundo do mar. A textura do corpo do anel segue as vagas marítimas.

Direcionamento: este anel tem o intuito de representar a magnitude do movimento das águas, suas cores, suas luzes e seus brilhos, captados num instante. Apresenta aspecto lúdico com o movimento constante e proporciona efeito hipnótico com a espiral colorida e giratória.

Processo executivo: peça de fabricação manual, reprodução parcial em cera perdida

Custo de produção: 3 mil dólares

Data: 2000

Figura 123. Desenho da peça vencedora da categoria colar: *A bump in the night*. Fase América, *Tahitian Pearl Trophy*, 3º lugar na fase mundial. Patrocínio: Dryzun Joalheiros.

Vida louca
Vida
Vida breve
Já que eu não posso te levar
Quero que você me leve
Vida louca
Vida
Vida imensa
Ninguém vai nos perdoar
Nosso crime não compensa...

Cazuza, *Vida louca*

Nome: *A bump in the night*

Especificação: colar mandala

Autoria: Eliana Gola

Destino: *II Tahitian Pearl Trophy*

Joalheria: Dryzun Joalheiros

Matéria-prima: ouro branco 18 k, diamantes, pérolas

Técnicas de fabricação utilizadas: fundição em cera perdida e montagem manual

Motivo: explosão cósmica, faíscas e areia celeste em torno dos planetas

Justificativa: a estrutura de ouro, maleável, sustenta as quarenta pérolas multicoloridas, que medem entre 18 mm e 12 mm, e, em cada articulação, um dos 72 diamantes.

Direcionamento: este *collier* "cósmico" foi criado para ressaltar a beleza das cores das pérolas taitianas e provocar esplêndido impacto visual.

Processo executivo: peça de fabricação manual, reprodução parcial em cera perdida

Custo de produção: 20 mil dólares

Data: 2001

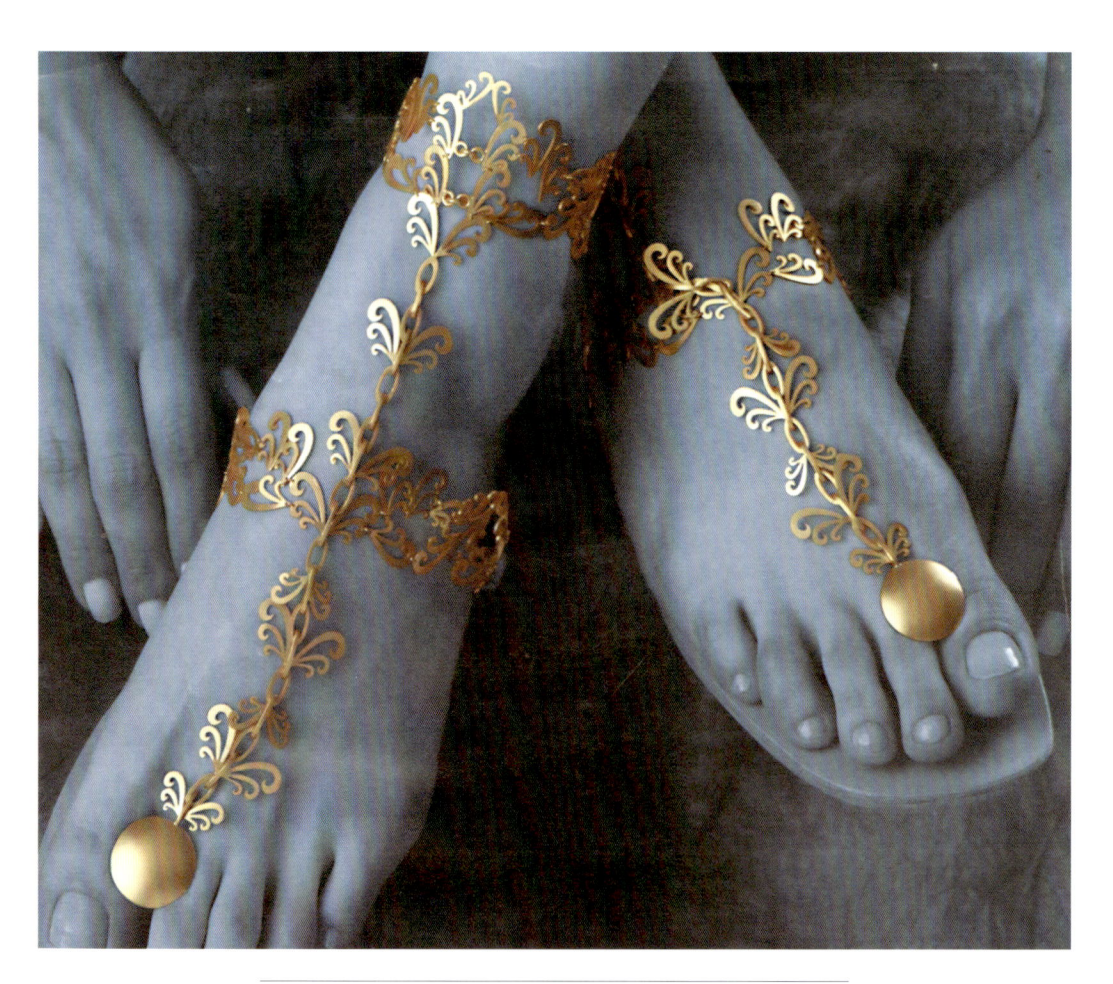

Figura 124. *100% Nacional*, sandália de ouro.

No anfiteatro, sob o céu de estrelas
Um concerto eu imagino
Onde, num relance, o tempo alcança a glória
E o artista, o infinito.

Chico Buarque de Hollanda, *Tempo e artista*

Nome: *100% nacional*

Especificação: sandália de ouro

Autoria: Eliana Gola

Destino: *Designer Forum Anglogold 2002*

Joalheria: Dryzun Joalheiros

Medidas: tamanho 37

Matéria-prima: ouro amarelo 18 k, couro

Técnica de fabricação: módulo reproduzido em cera perdida

Motivo: tributo a Aleijadinho. Módulo extraído de um detalhe persistente nas esculturas desse escultor.

Justificativa: a categoria sugeria a essência brasileira. Como artista-escultor brasileiro mais significativo do nosso barroco, a designer inspirou-se no escultor Antônio Francisco Lisboa, o Aleijadinho.

Direcionamento: provocar impacto visual. A sandália *100% nacional* vai do barroco à modernidade; original em toda sua brasilidade, o sensual, a graça e a exuberância da peça valorizam nossas raízes com materiais – ouro e couro – 100% nacionais.

Processo executivo: reprodução em cera perdida e montagem manual

Custo de produção: 3 mil dólares

Data: 2002

Figura 125. Peça *Effervescence*, que conquistou o 2º lugar na categoria *Pulseira*.

Um rio passou dentro de mim,
Que eu não tive jeito de atravessar,
Preciso um navio pra me levar...
Preciso aprender os mistérios do rio pra te navegar...

Joyce & Mauricio Maestro, *Mistérios*

Nome: *Effervescence*

Especificação: pulseira

Autoria: Eliana Gola

Destino: *Tahitian Pearl Trophy 2003*

Joalheria: Dryzun Joalheiros

Medidas: 7 cm

Matéria-prima: ouro branco 18 k, diamantes e pérolas

Técnicas de fabricação: protótipo feito à mão e reprodução em cera perdida

Motivo: a inspiração, nesta peça, foi o movimento da água fervendo. As bolhas representadas pelas pérolas e os *briolets* de diamantes presos nas extremidades das correntinhas representam as gotas de água pulando.

Justificativa: como tema desta peça está a água em todos os seus estados.

Direcionamento: esta peça tem o intuito de apresentar, de forma sofisticada e original, toda a beleza das pérolas coloridas.

Processo executivo: reprodução dos módulos em cera perdida e montagem manual

Custo de produção: 3 mil dólares

Data: 2003

Figura 126. Peça *Rain*, que conquistou o 2º lugar na categoria *Brinco*.

Nome: *Rain*

Especificação: brinco

Autoria: Eliana Gola

Destino: *Tahitian Pearl Trophy 2003*

Joalheria: Dryzun Joalheiros

Medidas: 10 cm

Matéria-prima: ouro branco 18 k, diamantes e pérolas

Técnicas de fabricação: protótipo feito à mão e reprodução em cera perdida

Motivo: a inspiração, nesta peça, foi o efeito das gotas de chuva escorrendo no vidro. Os pequenos diamantes representam o brilho da água.

Justificativa: como tema desta peça está a água em todos os seus estados.

Direcionamento: esta peça tem o intuito de apresentar, de forma sofisticada e original, toda a beleza das pérolas coloridas.

Processo executivo: reprodução dos módulos em cera perdida e montagem manual

Custo de produção: 2,5 mil dólares

Data: 2003

Figura 127. Peça *Tears*, que conquistou o 3º lugar na categoria *Broche*.

Nome: *Tears*

Especificação: broche

Autoria: Eliana Gola

Destino: *Tahitian Pearl Trophy 2003*

Joalheria: Dryzun Joalheiros

Medidas: 8 cm

Matéria-prima: ouro branco e ouro amarelo 18 k, diamantes e pérolas

Técnica de fabricação: reprodução em cera perdida das gotas, que estão rebitadas em uma haste de suporte, produzindo o movimento independente de cada pecinha

Motivo: as lágrimas foram a inspiração para esta peça. As gotas brancas são de alegria e as amarelas, de emoção.

Justificativa: como tema desta peça está a água em todos os seus estados.

Direcionamento: esta peça tem o intuito de apresentar, de forma sofisticada e original, toda a beleza das pérolas coloridas.

Processo executivo: reprodução dos módulos em cera perdida e montagem manual

Custo de produção: 1,5 mil dólares

Data: 2003

Figura 128. Par de brincos *Plenitude oca: reflexo da modernidade.*

Tem lugares que me lembram
Minha vida, por onde andei
As histórias, os caminhos,
O destino que eu mudei
Cenas do meu filme em branco e preto
Que o vento levou e o tempo traz
Entre todos os amores e amigos,
De você me lembro mais...

Rita Lee, *Minha vida*
(versão de *In my life*, John Lennon e Paul McCartney)

Nome: *Plenitude oca: reflexo da modernidade*

Especificação: brinco

Autoria: Eliana Gola

Destino: homenagem aos 450 anos de São Paulo

Joalheria: Magah Rubi

Medidas: 7 cm × 2,5 cm

Matéria-prima: ouro branco e ouro amarelo 18 k, ônix, safira branca, granada

Técnica de fabricação: protótipo feito à mão e reprodução em cera perdida

Motivo: um conjunto de aspectos do desenho da cidade de São Paulo

Justificativa: a Semana de Arte Moderna de 1922 agitou o cenário cultural, a arquitetura, o urbanismo e todo o ritmo de transformação da então provinciana cidade de São Paulo, resultando na metrópole de hoje. A Antropofagia, conceito vigorante no movimento da Semana da Arte Moderna e que se define pelas infinitas releituras das manifestações artísticas mundiais, insinua-se nos brincos, pela forma afunilada, sugerindo um caminho rumo à identificação da brasilidade; a geografia de São Paulo, o marco representado pelo edifício Copan, a bandeira paulista, a constante mudança e contradição da cidade, assim como o paradoxo moderno, onde nada permanece e tudo se transforma nas infinitas possibilidades oferecidas pelos espaços vazios do *skyline*.

Direcionamento: toda a coleção, da qual este brinco é parte, tem o intuito de homenagear São Paulo.

Processo executivo: ver "Passo a passo: *briefing*, criação e produto", p. 201.

Custo de produção: 600 dólares

Data: 2004

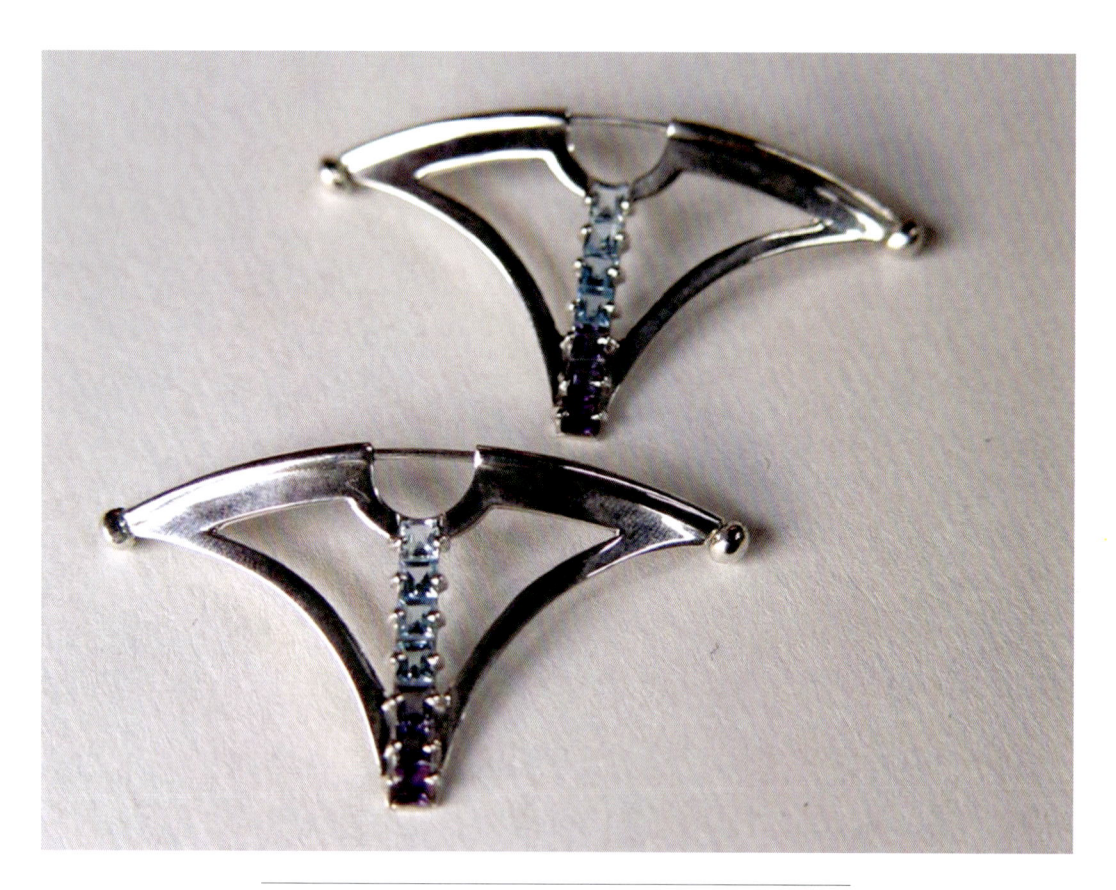

Figura 129. Par de brincos *Arroio paulista.*

Nome: *Arroio paulista*

Especificação: brinco

Autoria: Eliana Gola

Destino: homenagem aos 450 anos de São Paulo

Joalheria: Magah Rubi

Medidas: 6 cm × 3 cm

Matéria-prima: prata, iolitas, ametistas, topázios

Técnica de fabricação: protótipo feito à mão e reprodução em cera perdida

Motivo: a inspiração para esta peça baseou-se na impermanência dos arroios (pequenas correntes de água não perenes).

Justificativa: comparou-se a fluência da água com a proposta do movimento modernista de 1922, pautado na constante reformulação do tradicional. Um rio pode ser identificado, muito embora jamais tenha as mesmas águas em seu leito; da mesma forma, a criação, na modernidade, reinventa-se e renova-se, sempre surpreendendo.

Direcionamento: toda a coleção, da qual este brinco é parte, tem o intuito de homenagear São Paulo.

Custo de produção: 300 dólares

Data: 2004

PASSO A PASSO: *BRIEFING*, CRIAÇÃO E PRODUTO

Procedimentos, etapas de pesquisa e registro de ideias no processo de criação da peça *Plenitude Oca*

Proposta do trabalho

A Semana de Arte Moderna de 1922 e suas influências na São Paulo Contemporânea: fatos históricos, obras de arte, e personalidades que permearam a Semana, e o reflexo dessas influências na São Paulo de hoje. Criações devem ser inspiradas em ícones relacionados.

Inspirações

A Semana de Arte Moderna de 1922 influenciou a arquitetura, o urbanismo e todo o ritmo da transformação natural desta grande metrópole.

Elementos como: adorno indígena, a forma geográfica de São Paulo, o marco representado pelo edifício Copan, as águas que atravessam a cidade, a bandeira paulista, a constante mudança e contradição da cidade, assim como o paradoxo moderno, onde nada permanece e tudo se transforma nas infinitas possibilidades oferecidas pelos espaços vazios do *skyline*, inspiraram esta criação.

Levantamento de dados

Textos recolhidos na internet sobre a Semana de 1922 e fotos características de São Paulo.

O sarampo antropofágico

(Editorial da *Folha de S. Paulo*, 15 de maio de 1978)

A respeito do movimento modernista, os críticos e os estudiosos entram em sintonia num ponto: a *Semana de Arte Moderna*, realizada em 1922, em São Paulo, representou um marco, verdadeiro ponto de inflexão no modo de ver o Brasil.

Não só de ver como de escrever sobre o Brasil. Em geral, os artistas e intelectuais de 1922 queriam arejar o quadro mental da nossa *intelligentsia*, queriam pôr fim ao ranço beletrista, à postura verborrágica e à mania de falar difícil e não dizer nada. Enfim, queriam eliminar o mofo passadista da vida intelectual brasileira.

Do ponto de vista artístico, o objetivo fundamental da Semana foi acertar os ponteiros da nossa literatura com a modernidade contemporânea.

Cartaz da Semana de Arte Moderna.

Para isso, era necessário entrar em contacto com as técnicas literárias e visões de mundo do futurismo, do dadaísmo, do expressionismo e do surrealismo, que formavam, na mesma época, a vanguarda europeia. Desse ângulo, o modernismo é expressão da modernização operada no Brasil a partir da década de 20, que começava a dar sinais de mudança [...] de uma economia agro-exportadora para uma economia industrial.

Esse juízo é, do ponto de vista mais geral, certeiro; no entanto, ele não deve esconder as diferenças no seio do movimento de 1922. Havia diferenças de ordem política, ideológica e estética. Na verdade, houve duas correntes modernistas: uma de inspiração conservadora e totalitária, que iria, em 1932, engrossar as fileiras do integralismo, e outra, mais crítica e dissonante, interessada em demolir os mitos ufanistas e contribuir para o conhecimento de um Brasil real que não aparecia nas manifestações oficiais da nossa cultura. O pressuposto essencial de 1922, o autoconhecimento do País, tinha de acabar, a um só tempo, com o mimetismo mental e denunciar o atraso, a miséria e o subdesenvolvimento. Mas denunciar com uma linguagem do nosso tempo, moderna, coloquial, aproveitando o arsenal estilístico e estético das inovações das vanguardas europeias.

Essas duas correntes se delineiam em 1924, com a publicação do primeiro manifesto de Oswald de Andrade, o Pau-Brasil, no *Correio da Manhã*. Nele já estava inscrito o lema que guiaria toda a atividade artística e intelectual da ala crítica modernista: "A língua sem arcaísmos, sem erudição. A contribuição milionária de todos os erros. Como falamos. Como somos". A outra corrente, conservadora, que iria opor-se a Oswald de Andrade, seria conhecida por verde-amarelismo, cujo batismo mostra bem a filiação nacionalista e xenófoba: um canto de amor, cego e irrestrito, às "glórias pátrias". Em 1928, essa oposição recrudesce. E, com ela, a politização do modernismo. Verde-amarelismo transmuta-se em Anta; [o movimento] Paulo-Brasil [*sic*] deságua no movimento antropofágico. [...]

O manifesto antropofágico tocou no cerne do capitalismo no terceiro mundo: a dependência. Ou pelo menos captou seus reflexos no plano da cultura. Denunciou o bacharelismo das camadas cultas, que permanecem alheadas da realidade do País, reproduzindo os simulacros dos países capitalistas hegemônicos. Ironizou a consciência enlatada de largos setores do pensamento brasileiro, que se comprazem, quando muito, em assimilar ideias, jamais criá-las. Se Oswald de Andrade teve a lucidez de ridicularizar com o mimetismo que tanto seduz o intelectual solene e bacharel, ele não caiu no equívoco de fechar as portas do país do ponto de vista cultural. Ao contrário, sua formulação em torno da "deglutição antropofágica" exige o remanejamento das ideias mais avançadas do Ocidente em conformidade com a especificidade de nosso contorno social e político. [...]

Nesse sentido, o manifesto antropofágico é um sarampo que pegou fundo e de maneira duradoura a cultura no Brasil.

Imagens de inspiração

A procura da melhor forma, a estética que mais representa a ideia.

Elementos estudados

Contornos, adornos indígenas, Copan, edifício Banespa, as infinitas possibilidades oferecidas pelos espaços vazios da cidade, a ideia antropofágica de deglutir as novas visões de mundo do futurismo, do dadaísmo, do expressionismo e do surrealismo, que formavam, na mesma época, a vanguarda europeia, e filtrar por um *funil,* remanejando as ideias mais avançadas do Ocidente em confronto com a especificidade de nosso contorno social e político.

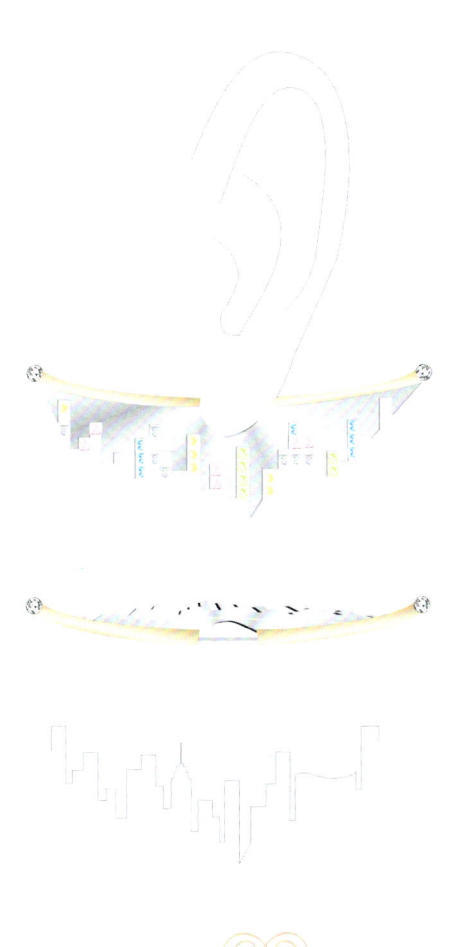

- A forma escolhida precisa ser aprimorada.

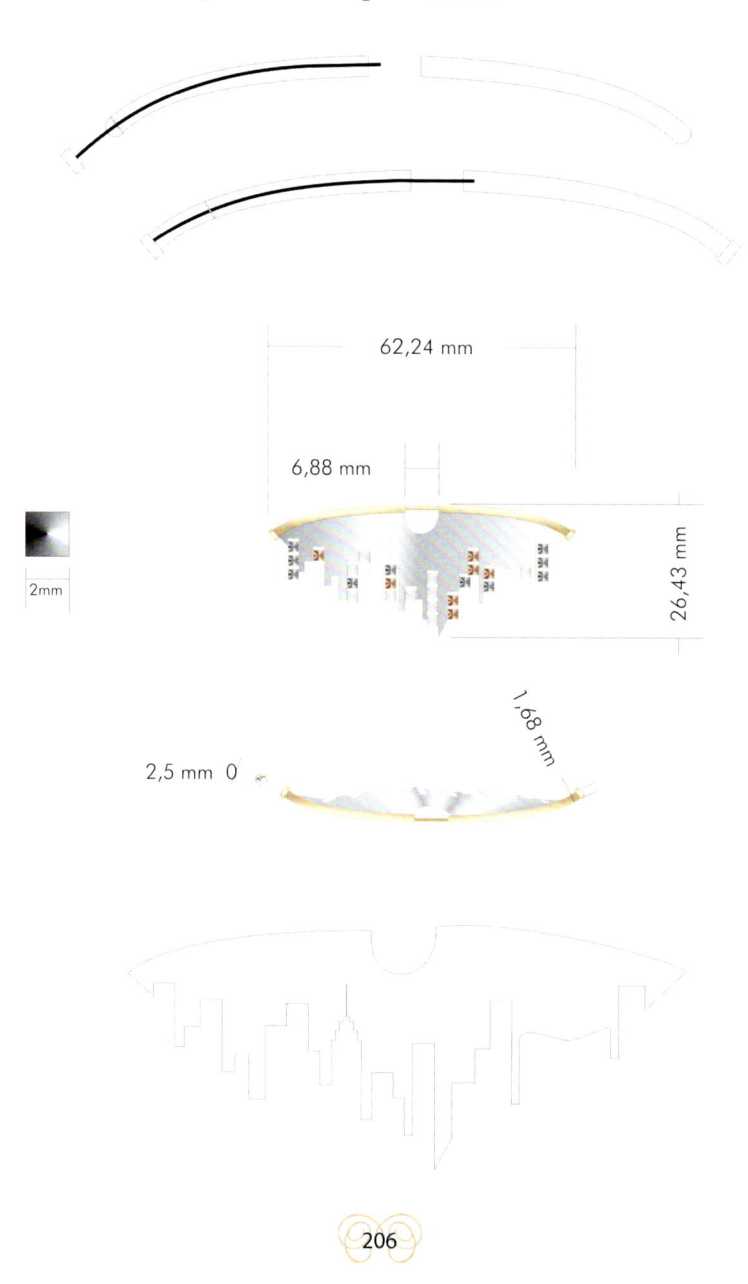

- Chega-se ao ideal da forma.

  Ideal inspirado no paradoxo do moderno, onde nada permanece, tudo se transforma; nas infinitas possibilidades oferecidas pelos espaços vazios, o *skyline* da cidade recria-se em objeto de adorno. O contorno inconfundível dessa cidade de contrastes, em que a coexistência do arcaico e do futurista revela-se uma constante, fundindo a arte e o belo.

Tendência

Étnica. Resgatar o desenho de adornos indígenas, concretizando a premissa modernista de recuperação das origens étnicas, com um toque atual, autêntico e sofisticado.

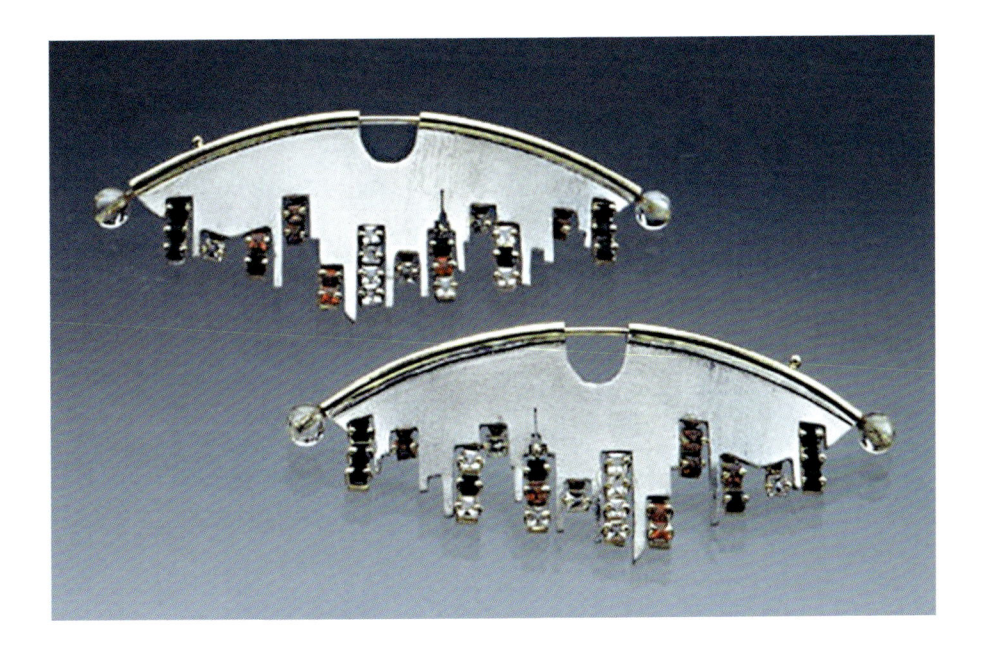

PEQUENO GLOSSÁRIO DE JOALHERIA E PROCESSOS DE FABRICAÇÃO

Ajour termo francês que significa qualquer tipo de abertura por onde passe a luz. Por extensão, espaço vazado em um bordado, em uma renda, em uma joia, etc. Em joalheria, também se refere ao tipo de esmaltação em metal vazado, que dá à peça o aspecto de um vitral.

Alabastro variedade de *gipsum*, pedra muito mole que se torna muito dura por tratamento térmico. Sua cor vai do branco ao bege, com tonalidades róseas a acastanhadas. Fácil de tingir. É opaca; só revela sua transparência quando cortada em fatias muito finas.

Alto-relevo tipo de relevo em que os padrões, como diz o nome, elevam-se da superfície do metal (como o ressalto de um escudo). O alto-relevo é obtido martelando-se ou puncionando-se a folha de metal pela parte de trás, para obter o padrão desejado. É similar ao cinzelamento e frequentemente combinado com ele. A campaniformação constitui um caso especial de alto-relevo, com muito repuxamento radial para obter o fomato de campânula.

Âmbar resina endurecida, fóssil, do pinheiro *Pinus succinifera*, formada há cerca de 50 milhões de anos. Sua cor vai do amarelo, passando por tons avermelhados, até o castanho, quase negro. Sua transparência é variável, chegando até o opaco. Por ser rara, esta resina é muito falsificada, com emprego de resinas sintéticas, vidro amarelo, etc.

Ametista é um tipo de quartzo. Sua cor vai do lilás ou violeta pálido até um violeta intenso. Pode ser opaca. As transparentes são as mais utilizadas em joalheria. Pedra considerada amuleto, que proteje contra o mal, os feitiços, a embriaguez.

Ânodo durante o processo de eletrodeposição, é o eletrodo positivo, o que fornece o metal.

Bordeamento decoração da superfície próxima à borda. O metal é fundido no próprio local da borda, o que permite obter reentrâncias (retrações) e saliências (abaulamento) na borda e sobre ela.

Brunidor ferramenta de cabo curto usada para ajustar e/ou limpar o metal, para obter efeito de semipolimento, por meio de alisamento da superfície. Usa-se principalmente na borda do engaste de uma pedra ou nas bordas de pequenos componentes.

Buril instrumento próprio para abrir ou riscar metal; suas pontas podem variar conforme o desenho e o tipo de incisão a ser feita.

Cabochão lapidação lisa, sem facetas. A parte superior é lapidada de forma arredondada, e a inferior é plana ou levemente abobadada.

Casca-de-laranja tipo de enrugamento que ocorre na superfície do metal, após certas operações de trabalho seguidas por recozimento que provoca crescimento excessivo de grãos; o mesmo que "efeito casca-de-laranja".

Cátodo na célula de eletrodeposição, é o eletrodo negativo, o componente que está sendo revestido ou formado.

Chapa folha contínua, plana, de ouro ou outro metal, de espessura maior que a lâmina.

Champlevé termo francês; denomina a técnica de esmaltação em que o metal é entalhado por meio de um buril (ou com uso de ácido) e preenchido com esmalte colorido.

Cinzel instrumento em que uma das extremidades é cortante, de espessura variável conforme a finalidade, e a outra pode ser golpeada com um instrumento de martelar.

Cinzelamento técnica de relevo que utiliza o martelamento por intermédio de um pequeno punção ou um cinzel, ou diretamente na superfície do metal. A peça a ser cinzelada é comumente apoiada em uma superfície firme, porém mole, como, por exemplo, cera, lacre ou piche.

Clivagem certos planos em que as gemas (e os minerais em geral) podem ser partidas. Está relacionada à propriedade de coesão dos átomos e, portanto, ao retículo do cristal.

Cloisonné termo francês; denomina a técnica de esmaltação em que o esmalte fica limitado a espaços definidos, em uma espécie de alvéolo formado por filetes de metal.

Cobre elemento químico de número atômico 29. Em joalheria, é usado em ligas para dar maleabilidade ao ouro.

Collet termo francês para *virola*: aro ou anel de metal que circunda uma pedra, prendendo-a.

Coral gema orgânica, formada por pólipos marinhos (em aglomerações denominadas recifes, atóis ou bancos, dependendo do formato) que segregam substância calcária. Além dos tons que variam do róseo ao vermelho escuro, há corais de coloração branca, azul ou negra.

Cornalina variedade de calcedônia (que, por sua vez, é um tipo de quartzo). É uma pedra porosa. Sua cor varia de um vermelho rosado a um vermelho acastanhado, coloração que, contra a luz, tem aspecto de nuvem.

Correntes fios ou fitas de metal entrelaçados em desenhos diversos. As correntes ainda podem ser feitas à mão por artesãos, porém a maioria delas é produzida em lotes, a partir de fio contínuo, em máquinas especiais. Essas máquinas constituem, virtualmente, miniaturas de linhas de produção automática, que cortam o fio na medida-padrão certa, trançam-no e/ou formam os elos e os unem em lotes de comprimentos determinados. Há pelo menos vinte modelos-padrão de entrelaçamento, cada um deles nas diversas faixas de tamanho.

Cravação técnica para engastar pedras ao metal.

Cravação bigodinho tipo de cravação que se faz com charneira ou chapa espelhada com pião de diamante acoplado na broca para dar o ângulo exato da pedra a ser cravada. Com buril chato levantam-se três granitos sobre a pedra (três bigodinhos), prendendo-a.

Cravação com granito tipo de cravação em que se coloca a pedra em um furo, do tamanho da pedra, na chapa. Com buril bem fino, levanta-se o granito de metal para prensar a pedra. Depois, com uma fresa fêmea, boleia-se o granito para arredondá-lo, fixando a pedra.

Cravação gaveta tipo de cravação em que é feita uma canaleta no local onde a pedra será fixada, a fim de introduzi-la como uma gaveta, pelo rondizio da pedra e fixada por granito.

Cravação inglesa tipo de cravação em que se faz uma caixinha de metal, e a pedra é fixada pelo rondizio.

Cravação *pavé* geminado termo francês (significa "pedra de revestimento, de calçamento"); técnica de montagem em que a superfície da peça é pavimentada com pequenas pedras redondas, espaçadas, em fileiras ou agrupamentos. O revestimento em *pavé* envolve o corte de assentamentos para as pedras, seguido de cravador pontiagudo, para incrustar as pedras. É comum ser usado para abrilhantar o metal circundante.

Cristal de rocha tipo de quartzo, incolor, transparente. O nome cristal deriva do grego *krystallos*, que significa gelo.

Cunhagem processo de acabamento da estampagem (impressão), em um estampo fechado (matriz). A peça bruta e a peça impressa resultante têm o mesmo volume de metal, o que propicia impressão nítida, sem faixa brilhante na linha de corte.

Dúctil, ductibilidade termo que indica a maleabilidade de um metal, isto é, quanto ele pode ser estirado (normalmente a frio) ou esticado para formar fios ou tubos, sem romper-se. A ductibilidade de um metal comumente é medida por porcentagens de alongamento/redução de área, em testes de tração.

Dureza resistência de um metal à impressão. Mede-se a dureza num teste que usa o punção-padrão marcador aplicado com força-padrão. A dureza é expressa com número em escala-padrão, exemplo: XV120 significa dureza de 120, medida no Teste de Penetração de Diamante Vickers. O termo também indica a resistência de uma pedra ao risco e a sua resistência à lapidação. A tabela de dureza de Mohs classifica a dureza das gemas, começando pela mais dura, o diamante, que risca todas as outras, mas não é riscado por nenhuma além dele mesmo.

Eletrodeposição deposição de um metal sobre outro, mediante sua transferência, como íons, por meio de banho químico (eletrólito), a partir de ânodo para cátodo, sob a influência de corrente elétrica.

Eletroformação processo de fabricação que utiliza a deposição de metal (eletrodeposição) sobre material-base que seja condutor de eletricidade (cátodo), já com forma definida, utilizando-se soluções de eletrodeposição especialmente formuladas. A espessura da parede do artigo resultante é suficiente para permitir a remoção do conteúdo (material-base). O artigo pode, então, ser usado como componente de joalheria.

Embutimento operação de impressão em que o punção empurra a folha através de um molde e faz com que a borda da folha seja repuxada radialmente, sob pressão controlada. Pode ser usado para iniciar a operação de formação de tubo, produzindo assim formas relativamente profundas; embutimento profundo.

Engaste fixação de pedras em caixas ou alvéolos, empregada na colocação de pedra cabochão e pedras de corte simples. A pedra é envolvida/contornada por tira de metal que foi soldada na sua base de sustentação. Também pode ser feito por garras ou dentes, sendo então modelagem de precisão, ou fabricação a partir de fio/fita, com canaletas para encaixar ao rondizio da pedra e/ou pontas dobradas sobre a cintura da gema.

Entalhe abertura ou canal efetivo, realizado por movimento de serra de entalhar; também denomina a largura do corte e o volume do material transformado em limalha.

Esmalte substância à base de sílica e outros óxidos minerais, com aspecto de vidro, aplicada, na joalheria, como decoração colorida a superfícies metálicas.

Espiga torre de cera que une os padrões a serem moldados ao sistema de vazamento e intrusão.

Fíbula alfinete (broche, colchete) usado para prender os panos de uma vestimenta. Os romanos, por exemplo, usavam-na para prender os panos da túnica no alto do ombro. É a precursora dos nossos alfinetes de segurança.

Filigrana espécie de renda de metal, feita de fios de ouro ou prata delicadamente soldados, com ou sem decoração em grânulos, compondo arabescos e outros motivos. Preparação de fio para o trabalho de filigrana.

Forja a quente técnica de modelagem do metal por meio de martelação após destemperar o metal pelo calor.

Fresa tipo de broca giratória para cortar ou limar metais.

Fundição em cera perdida processo de fabricação empregado para escultura e joalheria. Os detalhes da peça em cera são impressos no gesso refratário; com o aquecimento, ocorre a fusão da cera, formando, no gesso, uma cópia inversa do modelo utilizado.

Galeria acabamento feito na peça de metal para dar aspecto de espessura maior ao metal. Esta galeria pode ser trabalhada, recortada, como forma de decoração.

Granulação decoração de superfície, adicionando-se grânulos redondos de metal por fusão (costumeiramente não por solda) para criar relevo em linhas, padrões ou formas. Montagem e solda no trabalho de granulação.

Granulador varinha de metal (atualmente aço) com ponta côncava, usada para arredondar o grão de metal.

Iolita gema de cor violeta, transparente, de difícil lapidação, também denominada safira-de-água.

Jade nome genérico com que se denominam dois minerais diferentes, de coloração esverdeada, a jadeíta e a nefrita. Quando os espanhóis chegaram à América, encontraram aqui excelentes trabalhos em jade (que, entre os astecas, era mais valorizado que o ouro).

Jadeíta mineral muito resistente, com estrutura semelhante a um tecido de fibras. A coloração mais comum é a de um tom verde, mas podem ocorrer tons amarelados, avermelhados, castanhos e, até, negros. Variedades translúcidas são raras.

Lapidação técnica para talhar pedras preciosas em facetas e poli-las, para realçar seu brilho.

Lápis-lazúli mineral opaco, de coloração azul intensa, usado desde a pré-história como pedra de adorno. São famosas as aplicações de lápis-lazúli na joalheria egípcia. Seu nome vem do celta *lapa* (pedra) e do árabe *lazúli* (o azul).

Ligas combinação de dois ou mais metais, usualmente fundidos juntos, favorecendo e equilibrando suas propriedades, além de torná-las melhores do que as dos metais constituintes em separado.

Majólica cerâmica com temas decorativos estreitamente relacionados aos da pintura do Renascimento e do Maneirismo.

Modelos em cera réplicas, feitas em cera, de um padrão-mestre, por meio de injeção de cera líquida em moldes de borracha (curados em torno do padrão-mestre), montados em grupos, nas espigas. Já curados, a cera do interior é fundida (perdida) e, assim, removida do molde de revestimento, deixando cavidades precisas para a intrusão do metal desejado.

Molde-padrão é o molde principal, que serve para a reprodução de uma peça por intrusão. Pode ser duradouro (usualmente feito em metal) ou consumível (processo de cera perdida). As dimensões do molde-padrão podem ter de levar em conta o encolhimento ou a expansão líquida durante todo o processo de intrusão.

Ouro pouco duro, pesadíssimo, dúctil e maleável, opaco com intenso brilho metálico, constitui a principal fonte de metal comercial, empregado como base monetária, em joalheria, odontotécnica e para a construção de elementos científicos e eletrônicos. Seu ponto de fusão é 1061 °C.

Oxidação fenômeno químico que em essência consiste na adição de oxigênio em um composto, produzindo uma espécie de ferrugem.

Polimento técnica para deixar uma superfície o mais lisa e uniforme possível, o que realça seu brilho. Usualmente, depois do trabalho com lima, lixa, etc., é dado no metal/pedra um lustro elevado, empregando-se rodas ou escovas rotativas impregnadas com substâncias que reduzem ao máximo as irregularidades. Nome que se dá ao estágio final de acabamento.

Prata branco, pouco duro, pesado, dúctil e maleável, é um excelente mineral para ser utilizado como metal. Usado em joalheria, fotografia, química e eletrônica por causa da sua altíssima condutibilidade. Seu ponto de fusão é 960 °C.

Prensagem processo de fabricação a frio, que usa de uma prensa excêntrica ou mecânica (balancim) para produzir lote de componentes semelhantes. Pode envolver formatação por estiramento, repuxamento, cunhagem, peças em bruto, estampagem ou dobramento. Prensa com estampo (molde) e corte.

Punção (subst. masc.) instrumento pontiagudo, de metal resistente (ferro, aço), para gravar ou furar. É usado, por exemplo, para gravar nomes, quilatagem do metal, etc.

Pureza quantidade de conteúdo de metal precioso, expressa em partes por mil (por peso). Por exemplo, ouro de 22 quilates é 917 puro, isto é, em mil partes, 917 são ouro, as 83 restantes, outro(s) metal(is); o de 14 quilates, 585 puro (em mil partes, 585 são ouro, etc.) e assim por diante.

Quartzo a denominação quartzo aplica-se aos minerais de composição química semelhantes (SiO_2 ou $SiO_2 \times nH_2O$). Nesta classificação incluem-se, por exemplo, ametista, citrino, olho de tigre.

Quilate unidade de medida de pureza de metais, principalmente de ouro; designa a qualidade do metal sem relação com o peso (24 quilates = 100% puro). Com relação às gemas, é usado como unidade de peso para pedras preciosas; 1 quilate = 100 pontos = 0,2 grama.

Recozimento/destemperar restabelecimento da maciez e da ductibilidade para trabalhar metais endurecidos (após laminação ou forjadura), mediante aquecimento até temperatura adequada, de modo que cause a recristalização. O ouro puro se recristaliza a 200 ˚C, porém a maior parte das ligas de ouro são puramente recozidas a temperaturas entre 550 ˚C e 750 ˚C, dependendo da composição da liga e da pressão no trabalho a frio.

Repuxamento técnica de relevo a frio, que se utiliza de uma ferramenta (martelo, buril) pressionando-a sobre a folha lisa de metal (ver *alto-relevo*). Transforma folhas de metal em superfícies de revolução, pressionando uma ferramenta lisa contra a folha em revolução, a fim de torná-la tridimensional forçando-a para dentro de uma matriz. Pode afinar ou engrossar a parede resultante. Requer ductibilidade (maleabilidade), o que indica que a maioria das ligas de ouro responde bem a essa técnica.

Reticulação textura que se assemelha a uma rede ou trama, obtida no metal por meio de fogo.

Revestimento pasta líquida para formar moldes. A feita de farinha de sílica e aglutinante, de rápido assentamento em torno de um padrão de cera, serve para formar molde refratário para receber liga de metal e reproduzir o padrão com precisão de detalhes. Gesso refratário.

Rondizio na lapidação de uma pedra cada faceta ou parte tem sua nomenclatura. Rondizio é a divisão entre a mesa e o pião, a cintura da pedra.

Soldagem união de componentes de metal (liga), fundindo-se juntos, por intermédio de uma liga adicional (conhecida como solda), com ponto de fusão mais baixo.

Titânio elemento metálico lustroso, cinza-prateado pálido, de alto ponto de fusão, 1.850 °C. Símbolo Ti, número atômico 22, massa atômica 47,90.

Topázio foram, por muito tempo, denominadas topázio todas as gemas amarelas e de cor castanho-dourada, incluindo-se as gemas verdes. O nome é proveniente da ilha Zebirget no mar Vermelho, a antiga Topazos. São gemas sensíveis a pressão. Podem ser tratadas por aquecimento, o que altera sua coloração, obtendo do topázio amarelo o róseo, e do incolor, o azul.

REFERÊNCIAS BIBLIOGRÁFICAS

ABNT. *Conjunto de normas ISO 9000*. Rio de Janeiro: Associação Brasileira de Normas Técnicas, 1997.

ALARCÓN, Rodrigo Bittencourt. "Joalheria grega". Em *Pedras & Metais*, nº 8, Curitiba, s/d.

_____. "Joalheria romana". Em *Pedras & Metais*, nº 9, Curitiba, s/d.

ARISTOTE. *Phisique*. Trad. H. Carteron. Paris: Les Belles Lettres. 1926.

ARNHEIM, Rudolf. *Arte y percepción visual*. Buenos Aires: Eudeba, 1967.

_____. *El "Guernica" de Picasso: génesis de una pintura*. Barcelona: Gustavo Gili, 1976.

ARTIGAS, João Vilanova. *O desenho*. São Paulo: CEB-GFAU, 1967.

BABA, Butowi. *Gestão da qualidade e desenho industrial: a experiência japonesa*. São Paulo: Japan External Trade Organization, 1985.

BANCO SAFRA. *O Museu Imperial*. São Paulo: Banco Safra, 1992.

BARDI, Pietro Maria. *Arte da prata no Brasil*. São Paulo: Banco Sudameris Brasil, 1979.

BECKER, Vivienne. *Fabulous Costume Jewelry: History of Fantasy and Fashion in Jewels Books*. Nova York: Shiffer, 1993.

BLAICH, R. *Managing Global Design*. São Paulo: Fiesp/Ciesp, 1989.

BONSIEPE, Gui. "La función tecnológica del disegno industrial". Em *Artefacto*, vol. 2, Cidade do México, 1987.

BRANCANTE, Maria Helena. *Os ourives na história de São Paulo*. São Paulo: Árvore da Terra, 1999.

BRITISH MUSEUM. *Jewellery Through 7000 Years*. Londres: British Museum, 1976.

CALÓGERAS, Pandiá. *As minas do Brasil e sua legislação: geologia econômica do Brasil*. São Paulo: Nacional, 1938.

CHAPUT, Frère Ignacio. *Elementos da geometria descritiva*. Rio de Janeiro: Bruguiet, 1960.

CÓDIGO DE PROTEÇÃO e Defesa do Consumidor. Lei nº 8.078, de 11 de setembro de 1990.

CODINA, Carles. *A joalharia*. Coleção Artes e Ofícios. Lisboa: Estampa, 2000.

COLGUHOUN, Alan. "Tipología y método de diseño". Em BAIRD, G. *El arquitectura*. Madri: Blume, 1975.

COOLEY, H. & AGNEW, P. G. *The Role of Standards in System of Free Enterprise*. Washington: American National Standards Institute, 1941.

CONTINI, Mila. *A moda: 5000 anos de elegância*. Lisboa: Verbo, 1965.

COTRIM, Gilberto. *História & consciência do Brasil*, vols. 1-2. São Paulo: Saraiva, 1991.

CUNALI, Christina. "Os tesouros do sul da Itália". Em *18 Quilates*, nº 10, São Paulo, 1997-1998.

DIP, Paula. "O ouro dos trácios". Em *18 Quilates*, nº 18, São Paulo, 1999-2000.

DOLLGAST, Hans. *Gebundenes Zeichnen*. Revensburg: Otto Maier, 1953.

D'OREY, Leonor. *Cinco séculos de joalharia: Museu Nacional de Arte Antiga de Lisboa*. Londres: Philip Wilson, 1995.

DORNAS FILHO, João. *O ouro das Gerais e a civilização da capitania*. São Paulo: Nacional, 1957.

DUBERY, Fred & WILLATS John. *Perspective and Other Drowing Systems*. Nova York: Van Nostrand Reinhold, 1983.

DUNCAN, Alastair. *Art Nouveau*. Londres: Thames & Hudson, 1994.

ECO, Umberto. *A estrutura ausente*. São Paulo: Perspectiva/Edusp, 1971.

ERMANN, Kurt. *Der Orientalische Knupfteppich*. Berlim: Wasmuth, 1955.

FRENCH, Thomas E. *Desenho técnico*. Porto Alegre: Globo, 1973.

FUNDAÇÃO BIENAL DE SÃO PAULO. *Exposição Arte Plumária do Brasil*. XVII Bienal de São Paulo, 1983 (catálogo).

GARVIN, D. *Managing Quality*. Nova York: Free Press, 1988.

GERLACH, Martin. *Primitive and Folk Jewelry*. Nova York: Dover, 1971.

GERMANI, Fabris. *Fundamentos del proyecto gráfico*. Barcelona: Don Bosco, 1973.

GIBSON, James J. *La percepción del mundo visual*. Buenos Aires: Infinito, 1974.

GILL, Robert W. *Creative Perspective*. Londres: Thames & Hundson, 1975.

GORDON, Childe. *A aurora da civilização europeia*. Trad. Pedro Neves. Lisboa: Portugália, 1969.

GREGORY, R. L. *A psicologia da visão: o olho e o cérebro*. Porto: Inova, 1968.

HANKS, Kurt; BELLINSTO Larry & EDWARDS, Dave. *Design Yourself*. Los Altos: William Kaufmann, 1978.

HURWITZ, Elizabeth Adams. *Design: a Search for Essentials*. Scranton, Pennsylvania: Internacional Textbook, 1964.

JANSON, H. W. & JANSON, Anthony E. *Iniciação à história da arte*. 2ª ed. São Paulo: Martins Fontes, 1996.

JECUPÉ, Kaka Werá. *A terra dos mil povos: história indígena do Brasil contada por um índio*. 2ª ed. São Paulo: Fundação Peirópolis, 1999.

JURAN, J. M. *Juran on Quality by Design*. Stanford: Juran Institute, 1992.

KERTESZ, M. Wagner de. *Historia universal de las joyas: a través del arte y la cultura*. Buenos Aires: Centurion, 1947.

KLEE, Paul. *Teoria della figurazione*. Milão: Feltrinelli, 1959.

LA MAGNIFICENZA dei principi etruschi. Arezzo: Di Bruschini, 1998 (catálogo de exposição).

LANLLIER, Jean & PINI, Marie-Anne. *Five Centuries of Jewelry in the West*. Nova York: Arch Cape, 1989.

LASEAU, Paul. *Graphic Thinking for Arquitects and Designers*. Nova York: Van Nostrand Reinhold, 1980.

LEROI-GOURHAN, André. *O gesto e a palavra*, 2 vols. São Paulo: Perspectiva, 1983.

——————————. *As religiões da Pré-História*. Trad. Souza Ferro. Lisboa: Edições 70, 1983.

——————————. *Pré-Histoire et l'art occidentale*. Paris: Mazenod, 1971.

MARK, John. *Ethnic Jewellery*. Londres: British Museum, 1995.

MEILACH, Dona Z. *Ethnic Jewelry*. Nova York: Crown, 1981.

MELATI, Julio César. *Índios do Brasil*. 7ª ed. São Paulo/Brasília: Hucitec/Editora da UnB, 1993.

MEYER, F. S. *Manual de ornamentación*. 5ª ed. Cidade do México: G. Gili, 1994.

MUNARI, Bruno. *Diseño y comunicación visual*. Barcelona: Gustavo Gili, 1973.

——————————. *El arte como oficio*. Barcelona: Labor, 1968.

PANOFSKY, Erwin. *La perspectiva como forma simbólica*. Barcelona: Tusquets, 1973.

PESSEMIER, E. A. *Product Management: Strategy and Organization*. Nova York: Basic Books, 1988.

PIERATONI, Ruggero. *El ojo, la idea*. Madri: Paidos, 1984.

PIRENNE, M. H. *Óptica, perspectiva, visão em pintura, arquitetura e fotografia*. Londres: Victor Leru, 1974.

PISCHEL, Gina. *História universal da arte*, vols. 1-3. São Paulo: Melhoramentos, 1966.

PLINE, L'ancien. *Histoire naturelle*. Trad. Saint-Denis. Paris: Les Belles Lettres, 1955.

POPCORN, Faith. *O relatório Popcorn*. Rio de Janeiro: Campus, 1994.

READ, Herbert. *Arte e indústria*. Buenos Aires: Infinito, 1961.

RIEGL, Alois. *Grammaire historique des arts plastiques*. Paris: Klincksieck, 1978.

_____. *Problemas de estilo*. Barcelona: Gustavo Gili, 1980.

ROOS JUNIOR, Frank J. *Art History: an Illustrated Handbook*. Nova York: Macmillan, 1954.

RUDENKO, Sergei I. *Frozen Tombs of Siberia*. Trad. M. W. Thompson. Londres: J. M. Dent, 1970.

SANOUILLET, Michel. *Marchand du sel: écrits de Marcel Duchamp*. Paris: Vogue, 1958.

SCARISBRICK, Diana. *Jewellery Source Book*. Londres: Quantum, 1998.

SCHUMANN, Walter. *Gemas do mundo*. 8ª ed. Rio de Janeiro: Ao Livro Técnico, 1995.

SCOTT, Robert Gillam. *Fundamentos del diseño*. Buenos Aires: Victor Leru, 1973.

SELLE, G. *Ideología y utopía del diseño*. Barcelona: Gustavo Gili, 1975.

SEMPER, Gottfried. *The Four Elements of Architecture and Other Writings*. Trad. H. F. Mallgrave & W. Hermann. Cambridge: Cambridge University Press, s/d.

SMITH, Charles Gibbs. *Les inventions de Léonard da Vinci*. Paris: Chêne, 1978.

SÓFOCLES & ÉSQUILO. *Édipo Rei, Antígone e Prometeu acorrentado: tragédias gregas*. Coleção Universidade. Trad. J. B. Mello e Souza. Rio de Janeiro: Edições de Ouro, s/d.

UGOLOTTI, B. M. & LEGNANI, R. *Enciclopédia da civilização e da arte antiga*, vols. 2-3. Trad. Sérgio Milliet. São Paulo: Martins, 1962.

ULRICH, Conrads. *Arquitectura: un escenario para la vida*. Madri: Herman Bleme, 1977.

UNITED KINGDOM. *Consumer Protection Act*. Londres: Her Magesty's Stationery, 1987.

"VENCEDORES do World's Best Jewelry Designer Rosa Okubo e Alcatel Telecon, 1997. I Concurso Mundial de Design de Joias". Em *18 Quilates*, nº 9, São Paulo, 1997.

WAGNER, Renato. *Joia contemporânea brasileira*. São Paulo: Spig, 1980.

WORLD GOLD COUNCIL. *Manual técnico para joias em ouro: guia prático para tecnologia de fabricação de joias em ouro*. Brasil: World Gold Council, 1999.

WORNUM. "A exposição como uma lição de gosto". Em *Catálogo da Exposição Universal* de Londres de 1851.

ZEVI, Bruno. *Saber ver la arquitectura*. Buenos Aires: Poseidon, 1963.

CRÉDITOS DAS FIGURAS

p. 25 – figuras 1 a 3 – Leroi-Gourhan, *Pré-Histoire de l'art occidental*, p. 352.

p. 26 – figura 4 – Musée des Antiquités Nationales, Saint-Germain-en-Laye (Leroi-Gourhan, *Pré-Histoire de l'art occidental*, p. 60).

p. 27 – figura 5 – Musée des Antiquités Nationales, Saint-Germain-en-Laye (Leroi-Gourhan, *Pré-Histoire de l'art occidental*, p. 60).

p. 31 – figura 6 – A. Mottana, R. Crespi, G. Liborio. *Guia de minelares y rocas* (Barcelona: Grijalbo, 1997), p. 69.

p. 36 – figura 7 – Museu Hermitage, São Petersburgo (*Les Scythes et les nomades des steppes: L'univers des formes*, Gallimard, p. 294).

p. 37 – figuras 8 e 9 – Museu Hermitage, São Petersburgo (*Les Scythes et les nomades des steppes: L'univers des formes*, Gallimard, p. 294).

p. 38 – figuras 10 e 11 – Museu Hermitage, São Petersburgo (*Les Scythes et les nomades des steppes: L'univers des formes*, Gallimard, pp. 136-137).

p. 39 – figura 12 – British Museum, Londres (*Pedras e Metais*, nº 9, p. 23).

figura 13 – British Museum, Londres (*Jewellery Source Book*, p. 22).

p. 41 – figura 14 – British Museum, Londres (série Atlas visuais – *Antigas Civilizações*, p. 7).

p. 42 – figura 15 – British Museum, Londres (*Jewellery Through 7000 Years*, p. 17).

p. 45 – figura 16 – Victoria & Albert Museum, Londres (*Jewellery Through 7000 Years*, p. 22).

p. 47 – figura 17 – Victoria & Albert Museum, Londres (*Jewellery Through 7000 Years*, p. 86)

p. 48 – figura 18 – British Museum, Londres (*Jewellery Source Book*, p. 23, foto 4).

p. 49 – figura 19 – Museo Archeologico Nazionale, Florença (*La magnificenza dei principi etruschi*, p. 8).

p. 50 – figura 20 – Museo Archeologico Nazionale, Florença (*La magnificenza dei principi etruschi*, p. 15).

p. 51 – figura 21 – Museo Archeologico Nazionale, Florença (*La magnificenza dei principi etruschi*, p. 24).

p. 52 – figura 22 – Museo Etrusco Guarnacci, Volterra (*La magnificenza dei principi etruschi*, p. 13).

figura 23 – Museo Archeologico Nazionale, Florença (*La magnificenza dei principi etruschi,* p. 17).

p. 54 – figura 24 – British Museum, Londres (*revista Pedras e Metais*, nº 9, p. 23).

p. 55 – figuras 25 e 26 – British Museum, Londres (revista *Pedras e Metais*, nº 9, p. 23).

p. 56 – figura 27 – Biblioteca Nacional Marziana, Veneza (*Jewellery Source Book*, p. 39, foto 5).

p. 58 – figura 28 – Sutton Hoo Treasure, Sutton Hoo (*Jewellery Through 7000 Years*, p. 23).

p. 60 – figura 29 – *Jewellery Through 7000 Years*, p. 30.

figura 30 – Statens Historiskas Museet, Estocolmo (*Jewellery Through 7000 Years*).

p. 61 – figura 31 – Statens Historiskas Museet, Estocolmo (*Jewellery Through 7000 Years*).

p. 64 – figura 32 – Statens Historiska Museet, Estocolmo (*Jewellery Source Book*, p. 42).

p. 65 – figura 33 – Francis Brunel (*Jewellery of India*, India National Book Trust, 1972).

p. 67 – figura 34 – Musée National de Moyen Age, Paris (*Jewellery Source Book*, p. 44).

p. 68 – figura 35 – *Jewellery Through 7000 Years*, p. 30.

p. 70 – figura 36 – Victoria & Albert Museum, Londres (*Five Centuries*, p. 49).

p. 71 – figura 37 – Coleção Michael Friedsam, Metropolitan Museum of Art, Nova York (*Five Centuries*, p. 70).

figura 38 – British Museum, Londres (*Five Centuries*, p. 41).

figura 39 – British Museum, Londres (*Five Centuries*, p. 52).

p. 72 – figura 40 – Victoria & Albert Museum, Londres (*Five Centuries*, p. 47).

p. 74 – figura 41 – Victoria & Albert Museum, Londres (*Jewellery Source Book*, p. 53).

p. 75 – figura 42 – Victoria & Albert Museum, Londres (*Five Centuries*, p. 118).

p. 76 – figura 43 – Garrard Collection, Londres (*Five Centuries*, p. 165).

p. 79 – figura 44 – Bibliothèque Nationale de France, Paris (*Mapas históricos brasileiros*, p. 15).

p. 80 – figura 45 – *Joia contemporânea brasileira*, p. 23.

p. 81 – figura 46 – Acervo Fundação Memorial da América Latina. Foto de Renato Soares/Imagens do Brasil.

p. 82 – figura 47 – Acervo Fundação Memorial da América Latina. Foto de Renato Soares/Imagens do Brasil.

p. 84 – figura 48 – Acervo Fundação Memorial da América Latina. Foto de Renato Soares/Imagens do Brasil.

p. 86 – figura 49 – Museu Imperial, Petrópolis (*O Museu Imperial*, p. 95).

p. 89 – figura 50 – Coleção particular, São Paulo.

p. 90 – figura 51 – Coleção Anita Marques da Costa, São Paulo.

figura 52 – Museu de Arte Sacra, São Paulo.

figura 53 – Coleção R.L.M., São Paulo.

p. 91 – figura 54 – Arquivo Nacional de Fotografia, Lisboa (*Cinco séculos*. Museu Nacional de Arte Antiga, Lisboa, p. 115).

figura 55 – Cortesia do The Board and Trustees do Victoria & Albert Museum, Londres.

p. 92 – figura 56 – Musée des Arts Décoratifs, Bordeaux.

p. 93 – figura 57 – Phillips Fine Art Auctioneers, Nova York.

p. 94 – figura 58 – Coleção Christie, Londres.

p. 95 – figura 59 – Museu Nacional de Arte Antiga, Lisboa (*Conventos extintos, roteiro de Ourivesaria*, p. 74).

p. 96 – figura 60 – (*Fabulous Costume Jewelry*, p. 46)

p. 99 – figura 61 – Galerie Moderne, Bruxelas (*Jewellery Source Book*, p. 115).

p. 100 – figura 62 – Fundação Calouste Gulbenkian, Lisboa (*Jewellery Source Book*, p. 121).

figura 63 – (*Jewellery Source Book*, p. 119)

p. 101 – figura 64 – British Museum, Londres (*Jewellery Source Book*, p. 95).

figura 65 – Cortesia do Victoria & Albert Museum, Londres (*Twentieth Century British*, p. 46).

p. 103 – figura 66 – *Jewellery Source Book*, p. 135.

figura 67 – Nicholas Harris, Londres (*Jewellery Source Book*, p. 135).

p. 104 – figura 68 – Silver, Londres (*Jewellery Source Book*, pp. 136-137).

p. 105 – figura 69 – Desenho de Eliana Gola.

p. 106 – figuras 70 e 71 – Desenho de Eliana Gola.

p. 108 – figura 72 – Desenho de Eliana Gola.

p. 109 – figura 73 – Genebra (*Five Centuries*, p. 287).

p. 110 – figura 74 – Desenho de Eliana Gola.

p. 111 – figura 75 – Desenho de Eliana Gola.

p. 114 – figura 76 – (Gilbert Albert, *Createur 1992*, p. 11)

p. 115 – figura 77 – (Gilbert Albert, *Createur 1992*, p. 9).

p. 120 – figura 78 – (*The New Jewelry*, p. 34).

p. 123 – figura 79 – (*Jewellery Source Book*, p. 197).

p. 124 – figura 80 – Desenho de Eliana Gola.

p. 125 – figura 81 – Desenho de Eliana Gola.

p. 126 – figura 82 – Desenho de Eliana Gola.

p. 132 – figura 83 – (*Tahiti Pearl News*, 2001, p. 2).

p. 133 – figura 84 – Arquivo pessoal da autora.

p. 134 – figura 85 – Foto de Cathrine Clarke.

p. 139 – figura 86 – Arquivo pessoal da autora.

figura 87 – Foto de Guido Flueck USA.

figura 88 – (*World Facet Award 2002*, p. 20).

p. 140 – figura 89 – (*World Facet Award 2002*, p. 26).

figura 90 – Foto de Jacques Dequeker.

figura 91 – Foto de Natan Pereira.

p. 142 – figura 92 – Arquivo pessoal da autora.

p. 143 – figura 93 – Foto de Carlo Click.

p. 144 – figura 94 – Foto de Carlo Click.

p. 145 – figura 95 – Foto de Cathrine Clarke.

p. 146 – figura 96 – Foto de Marcelo Lerner.

p. 147 – figura 97 – Foto de Marcos Vianna.

p. 148 – figura 98 – Arquivo pessoal da autora.

p. 154 – figuras 99 e 100 – Acervo pessoal de Maurício Favacho.

p. 155 – figuras 101 e 102 – Acervo pessoal de Maurício Favacho.

p. 156 – figura 103 – Acervo pessoal de Maurício Favacho.

p. 158 – figura 104 – Acervo pessoal de Maurício Favacho.

p. 160 – figuras 105 e 106 – Arquivo pessoal da autora.

p. 161 – figuras 107 e 108 – Arquivo pessoal da autora.

p. 162 – figura 109 – Arquivo pessoal da autora.

p. 163 – figura 110 – Arquivo pessoal da autora.

p. 164 – figura 111 – Arquivo pessoal da autora.

p. 165 – figura 112 – Arquivo pessoal da autora.

p. 166 – figura 113 – Arquivo pessoal da autora.

p. 167 – figura 114 – Arquivo pessoal da autora.

p. 170 – figura 115 – Desenho de Eliana Gola.

p. 172 – figura 116 – Foto de Renato Malavazzi.

p. 174 – figura 117 – Foto de Alberto Kuwabara.

p. 176 – figura 118 – Foto de Renato Malavazzi.

p. 178 – figura 119 – Desenho de Eliana Gola.

p. 180 – figura 120 – Foto de Almir Pastore.

p. 182 – figura 121 – Foto de Daniel Augusto Jr.

p. 184 – figura 122 – Foto de Guido Flueck USA.

p. 186 – figura 123 – Foto de Cezar Cury.

p. 188 – figura 124 – Foto de Carlão.

p. 190 – figura 125 – Foto de Almir Pastore.

p. 192 – figura 126 – Foto de Almir Pastore.

p. 194 – figura 127 – Foto de Almir Pastore.

p. 196 – figura 128 – Foto de Claudio Wakahara.

p. 198 – figura 129 – Foto de Gabor.

p. 207 – foto de Claudio Wakahara.